中公新書 2780

岡本隆司著

物語 江南の歴史

もうひとつの中国史

中央公論新社刊

はじめに

1 「江南」とは何か

「中国」は「一つ」なのか

現代の「中国」を理解するには、その中国が経てきた履歴・歴史を過《あやま》たずに知ることが重要だ。これは歴史家にとっては当然の、また筆者年来の主張ながら、いざ具体的に説く段になると、とても一筋縄ではいかない。「中国」とはあまりにも長きにわたって広大な存在だからである。

「中国の歴史」を語るよりも前に、もう少し仔細《しさい》に眺めなくてはならない。「中国」を構成するパーツをなす存在の来歴を考えてみる必要がある。顔だけ知っていても、その人がわからないのと同じで、人は往々にして外見ばかりに惑わされがち、「中国」の場合もそれはかわらない。

　そもそも外見の「中国」とは「一つ」。自ら標榜《ひょうぼう》している。呼号する大陸の現政権ばかりではない。字面がすでにそうである。「中〔心の〕国」の中心とは、圏域にただ一つしかありえない。

　しかしそれは理念・理想、意志的な政治の次元、もっとはっきりいえば、建前・プロパガンダである。二〇世紀中国有数の知識人・梁啓超《りょうけいちょう》もいう。中国

梁啓超

「全土の政治は統一に帰すけれども、民間社会の風俗は華離《ゴチャゴチャ》・破砕《バラバラ》で、まるで異国のようだ」と。

　実地の生活レベルでは、ほんとうに千差万別、「一国」「一制度」どころではない。名実の乖離《かいり》は古今東西、世界史上の通例ながら、「中国」はその最たるものの一つだろう。だから中国をほんとうにわかるためには、「一つ」ととらえてはならない。

　そうはいっても、バラバラなままでも困る。あまりにとりとめがないと、文章に表現することはおろか、大づかみな把握すらかなわない。

南北という対

そこは当の中国の人々も、かねてわかっていたようだ。実際の中国の言語・思想についてみると、必ず対を内蔵しているのは、そのためだろう。対とはペアで、二つなければ成り立たない。「中国」と関係するものなら、たとえば中外という対がある。中心は「一つ」でも、中央が存在するには、周囲がなくてはならない。

ものごとを調べるのを、いかめしく「分析」という。「分」も「析」もわけること。わかる、とは分けることからはじまる。それなら不可解な「中国」をわかるにも、まずは「分析」、分けてみなくてはなるまい。

とりあえず「対」よろしく二つに。首都を北京《ペキン》というくらいだから、大きく南北に分けてみよう。首都の名称からみても、北が中国の表玄関・顔である。そうはいっても、顔だけ・玄関だけみていても、人も家も理解できない。

やはり中身が大切だ。中国でその中身にあたるのが、南である。中国の南とは何か。本書はここに焦点をあててみようとしたものである。

現在、簡便には「南方《ナンファン》」ともいうが、より由緒あり、格式ある言い回しは「江南《こうなん》」であった。そこは「南方」を貫いて流れる大河、長江《ちょうこう》（揚子江《ようすこう》）と切っても切り離せないからである。「東南半壁」という言い回しもあった。指しているものに大きなちがいはない。しかしその字面から半分、パーツとみられていたことが、いよいよ明白である。「江南」を知れば、それで「中国」がわかる、とはいわない。あくまでパーツにすぎないからである。しかし「江南」がわからなければ、「中国」がわからない、といえば、それはまったく正しい。

現実の中国の地理を考えても、そうである。そうした対の発想は、もともと自然環境に由来していたのではないか。

そう感じさせるほど、中国を南北に分けてみると、「北方《ペイファン》」と「南方《ナンファン》」の自然・生態は、鮮やかな対のコントラストをなす。一方は平原・乾燥・畑作・馬、目に映るのはほとんど黄褐色の世界、他方は山谷・湿潤・稲作・船、緑青色の世界である。

南北ともに大河を湛《たた》える。川の存在がペアであるのは当然。北を流れるのを「黄河《こうが》」、南を「長江」といい、この称呼もまた対をなす。ともに形容詞＋名詞でできた熟語、Huang He と Chang Jiang とそれぞれ頭韻・脚韻を踏むという念の入れようである。

「江南」の意味

しかし中国の対とは、ペアではあっても、現代日本人が思いがちな対等ではありえない。「文」「武」は両道ではなく優劣である。父子しかり、男女しかり、官民しかり、華夷《かい》しかり。

南北もその例に漏れない。「極北」といい、「天子は南面す」という。北は君臨し、南は臣従する。理論だけではなく、史実もおおむねそうであった。

対語には、陰陽《いんよう》というのもある。遺憾ながら、現在の首都・「北」京を擁する「北方」が、歴史的にみても、どうやら一貫して光のあたる「中原《ちゅうげん》」「中国」だった。もちろん現在はもっとニュートラルな「華北《かほく》」という呼称もあるが、ずいぶん後になってできた概念である。「南方」は「江南」といった。すぐれて抽象的、原理的な呼び方の「中原」に対し、何とも具体的な固有名詞で、地名・方角を示すにすぎない。光には翳《かげ》がつきもの、やはり本流・正統からはずれた、日蔭ものの扱いなのである。

それなら、陰に隠れた「江南」をあえて前面に出してやりたい。北と対峙する江南こそが、中国全体を成り立たせてきたと同時に、「一つの中国」を事実上、否定する存在なのであり、中国の多元性を創出、体現してきた。

それればかりではない。「江南」そのものも複雑、複合的である。

そもそも「江南」とは、どこを指していうのか。人によってイメージする空間的な広がりはまちまちであり、もちろんその内実、各処に住む人々の実態も同じではなく、伸縮自在でつかみづらい。

そうした「江南」のありよう・ややこしさにこそ、「中国」理解の核心的契機があると信じる。とりわけ中国大陸と濃密な関係のあるはずの日本人にとって、欠かすことのできない観察対象なのではないだろうか。

本書はそこで「中国」を分けて、「対」の片割れの南を取り出し、中国語の「南方」という意味合いをもって、全体として扱う「江南」の空間的な範囲とする。そしてその「江南」をさらに「分析」して論じなくては、「半壁」「南方」ひいては「中国」全体の理解も深まるまい。

「江南」は高温多湿のモンスーン気候、われわれ日本列島とほぼ同じで、降雨が多い。必然的に河川が豊富で、地形もそれだけ複雑になり、それが歴史をも左右してきた。したがってまず自然地理的に、大づかみな河川域をユニットに考えるのが便利だろう。

「江南」の中軸をなす河川が長江なのはいうまでもない。そもそも「長江の南」というのが直接の字義だから、当然ではある。流域が最も広大だから、その上中下流で土地柄は、大いに異なっている。さらにその周辺では、長江とは別の水系もあって、そちらもまた分けて考えなくてはならない。

地理は歴史の舞台であり、上のような空間的な区分が、時系列的な史実自体の進行をも左右する。それは太古の考古時代から、やはり然《しか》りであった。

2 「江南」の曙

文明の発祥と中原の出現

北の太古は、黄河文明である。その対でいくと、「長江文明」といいたい。しかし黄河文明が黄河の中流のみ、全流域を覆っていないのと同じく、長江流域に興《おこ》ったという古代の文明も、全域を一様に覆ったものではなく、いくつかの並存だった。考古学でもやはり、現在の四川《しせん》省あたりの上流域、湖北《こほく》・湖南《こなん》あたりの中流域、江蘇《こうそ》・浙江《せっこう》あたりの下流域に地域区分している。

黄河と長江、南北それぞれの流域で農耕がはじまったのは新石器時代、地質年代でいえば更新世《こうしんせい》から完新世《かんしんせい》への移行期・約一万年前である。北はアワ・キビ、南はイネという異なる作物が、それぞれ独自に栽培されるようになった。中原・北方の確実な畑作の事例は、前六〇〇〇年紀における河南《かなん》省新鄭《しんてい》県の裴李崗《はいりこう》遺跡や河北《かほく》省西南部の磁山《じざん》遺跡である。

南の稲作のはじまった時期には、定説がない。ただし有力な遺跡として、湖南省澧《れい》県の彭《ほう》頭山《とうざん》遺跡があって、紀元前七〇〇〇年に栽培イネが定着していたという報告があり、これなら北方にも先んじている。ほかの各地の遺跡調査からみても、稲作の起源は長江中流域にあったというのが、現在の通説である。

前五〇〇〇年紀から前四〇〇〇年紀にかけ、地球が温暖化を迎えると、稲作は順調に拡大し、生産力が増し余剰が生まれたことで、人口も増えていった。イネは単位面積あたり収穫できるカロリー量が最も多い。多くの人口を養える効率的な作物ではある反面、相応の手間がかかる。恒常的な稲作には、拓殖・水利・備蓄の設備が必要だし、播種《はしゅ》・育苗《いくびょう》から収穫にいたるまで、繁多な日常労働が欠かせない。豊凶を左右する自然環境への祈禱《きとう》信仰も重要である。

こうして労働力の動員・編成のみならず、呪術宗教的な指導にあたる組織が生まれ、社会集団ができあがり、聚落《しゅうらく》が発達していった。そこにはリーダーが必要であって、社会階層が分化し、首長制が成立する。かくてここでも、文明が発祥しはじめた。

温暖化を迎えた時期、長江の中流域では大渓《だいけい》文化、下流域は太湖《たいこ》周辺の馬家浜《ばかほう》文化、杭《こう》州《しゅう》湾周辺の河姆渡《かぼと》文化の遺跡がある。稲籾《いねもみ》が大量に出土し、灌漑《かんがい》施設の存在も確認された。つづく前四〇〇〇年紀末~前三〇〇〇年紀、やはり太湖周辺の良渚《りょうしょ》文化の遺跡では、大規模な祭壇や墳丘墓の発見があり、石製の犂《すき》など農具類の発達もみられる。

長江中流域でも、前三〇〇〇年紀前半に屈家嶺《くつかりょう》文化、同じく後半に石家河《せっかが》文化が生まれた。前者の時期に本格的な囲壁をもった聚落が出現、つづく後者の時期になると、石家河遺跡で多数の聚落が従属する関係があらわれてくる。これは初期国家間関係の雛型《ひながた》ともいってよい。

しかし前三〇〇〇年紀後半、このように長江流域もふくめ、中国の各地に興っていた「文化」が衰退する現象が生じた。原因はわからない。ともあれ考古学的にも、大きな歴史的断層が存在したことがうかがえる。

そして何より重要なのは、この断絶の後、北の中原に二里頭《にりとう》文化が登場することである。前二〇五〇〜前一六〇〇年ころにあたり、中国史上最初の王朝に数えられる「夏《か》」に比擬する学説の有力な「文化」にほかならない。

石製武器はもとより青銅器や玉器、祭祀《さいし》施設や首長層墳丘墓の大規模化、囲壁聚落の増加が発見確認され、聚落間連合も広がりをみせた。従属する聚落に威信財として青銅器などを下賜《かし》することで連合を維持したともみられている。学界が注目して、権力や初期国家の誕生という重要な歴史的転換を見いだそうとするゆえんであって、そうした二里頭文化の器物発見は、長江流域はもちろん、ベトナム北部にまで及んだ。このように以後の中原「文化」は、南方《ナンファン》に大きな影響を及ぼしつづける。

稲作と南方だけでは、「江南」とはなりえない。南を江南としたのは、やはり中原・北方《ペイファン》の存在と影響であった。ここでようやく、「江南」の歴史が黎明《れいめい》を迎える。

春秋時代へ

中原「文化」との関係は、二里頭文化から殷《いん》・周《しゅう》にも続いた。殷・周は世界史の教科書でもおなじみの王朝名ながら、前者は前一六〇〇〜前一〇五〇年ころ、後者はその後、前八世紀前半までが西周《せいしゅう》で、なお考古資料や銘文などで史実をうかがう時代である。たとえば、甲骨文字で有名な殷は、南方からもたらされたタカラガイ(子安貝《こやすがい》)が遺跡で大量に出土したことなどから、その勢力が長江流域にまで伸びていたとみられている。

西周の時期になると、青銅器の銘文に戦争の記録が多く残っていて、その交戦相手は東方・南方の諸勢力だった。大ぐくりに「東夷《とうい》」「南夷《なんい》」「淮夷《わいい》」と呼ばれたり、また以後も頻出する「楚《そ》」という国名もみえる。

二里頭文化や殷・周の勢力圏は、ほぼ黄河の中流域にとどまっていた。その周囲には長江流域に限らず、独自の文化圏がなお多く並存している。たとえば山東《さんとう》では前二〇〇〇年紀の岳石《がくせき》文化、四川は独特な青銅仮面で知られる三星堆《さんせいたい》文化が、前二〇〇〇〜前八〇〇年ころに栄えた。「江南」もその一つであって、並存する中原「文化」との関係が進展して、祖型ができあがってゆく。

その姿を明瞭にあらわすのは、いわゆる「春秋戦国」の時代。西暦では前八世紀以降、このあたりから考古文物のみならず、文献史料も使える時代に入る。

前五世紀末に及ぶ春秋時代は、諸侯が割拠、争覇《そうは》した時代として知られる。そもそもこの「争覇」、「覇」ということばが中国のこの時代に由来したもので、わが「江南」も決して無関係ではない。

周の君主は「王」といい、当時は中原のど真ん中・洛邑《らくゆう》で君臨していた。後世の洛陽《らくよう》である。その権威は尊重されながらも、諸侯を統率する力をもたない。そこで諸侯列国のうち、軍事的な優位に立ったものが、リーダーとなって王を補佐し、外敵の脅威に備えて諸侯の連合を結成、更新する秩序体制が成立する。

後世の儒教の用語概念で、この体制を「尊王攘夷《そんのうじょうい》」といい、諸侯連合を率いるリーダーを覇者と称した。外敵を「夷狄《いてき》」といい、諸侯の連合を総称して「中国」という。

この「中国」に南接するのが、後に「江南」と呼ばれる長江流域にある楚・呉《ご》・越《えつ》などの諸国だった。春秋の「争覇」はこの南北関係を基軸に展開したのである。

春秋の五覇

長江の中流域に興った楚は、早くから中原と接触があり、また外敵となっていた。その北進は前八世紀末より確認される。

そんな楚が前七世紀半ばには、「王」を自称しているのが興味深い。もちろんそれは、中原の記録にみえることだから、楚の「王」は周の「王」を中心とする諸侯連合の「中国」と並立、敵対する存在だと「中国」側が認めていたことになる。以後「中国」で、斉《せい》の桓公《かんこう》・晋《しん》の文公《ぶんこう》らがあいついで「覇者」となり、連合を強化したのは、楚への対抗をめざす面が強かった。

象徴的なのは、楚の荘王《そうおう》の事蹟《じせき》である。前七世紀末から前六世紀はじめの君主で、「中国」に対する圧力をいっそう強め、ついには周王に「鼎《かなえ》の軽重《けいちょう》を問う」ことさえした。青銅の九鼎は、君権の象徴であって、その「軽重」＝周王の存在意義を問うたという逸話は、まさしく「中国」に並び立つ敵国のふるまいである。前六世紀以降青銅器を鋳造《ちゅうぞう》し銘文を刻んで権威を誇ったというのも、含意はかわらない。中原諸侯から「夷狄」視され、自らも「中国」と一線を画する一方で、その文化をとりこんで、「中国」の諸侯連合秩序に対峙している姿がみてとれる。

さらに春秋時代の後期、前六世紀後半から前五世紀にかけては、長江下流域の呉・越という新興国が、にわかに勢力を拡大した。呉は前五〇六年、現在の湖北省にあった楚の都の郢《えい》を一時的に占拠し、南方のヘゲモニーを一気に奪い去って、「中国」にもその勢威をみせつけた。その呉はほどなく、ライバルの越に敗れて亡《ほろ》ぶ。そのくわしいいきさつは後述したい。

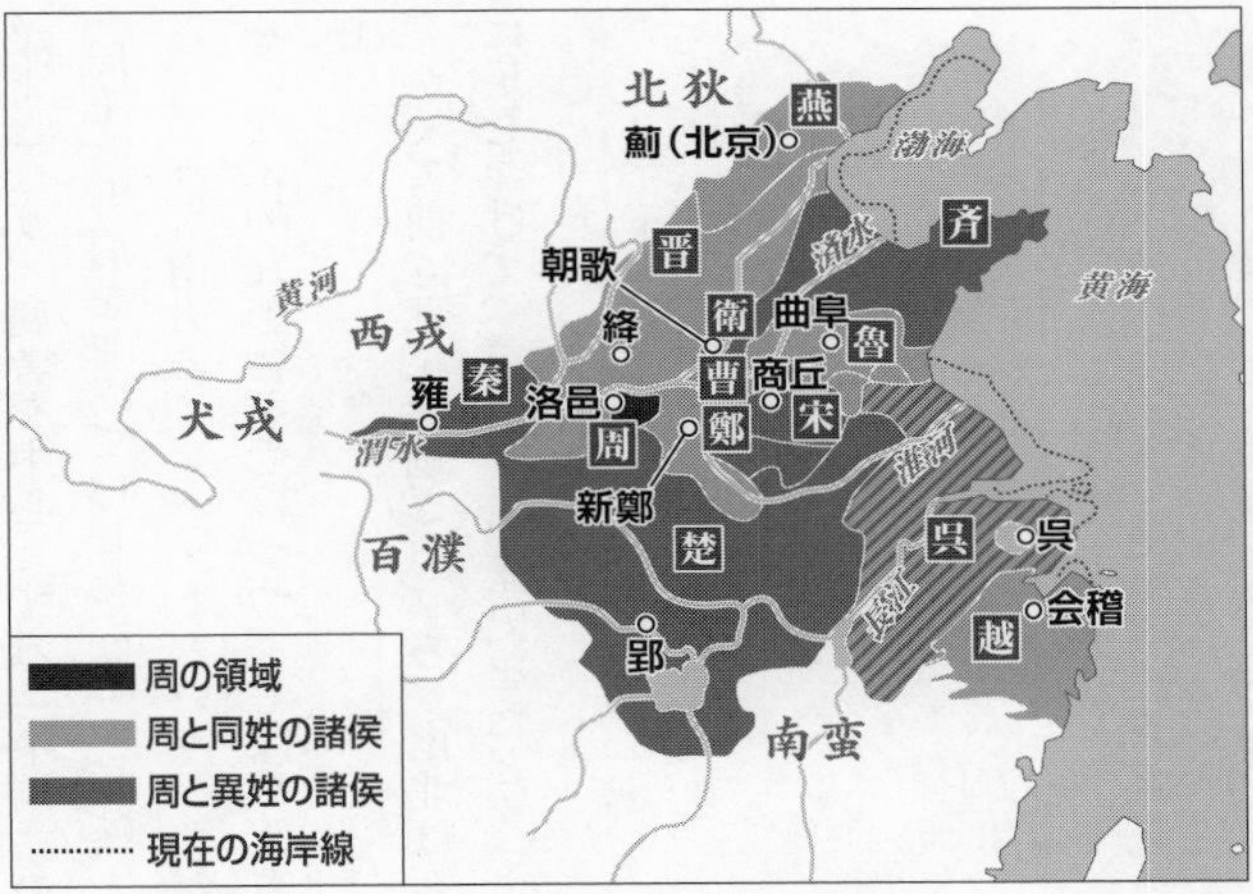

0−1　春秋時代

ここでは呉も越も楚と同じく、「王」号を称したことだけ、確認しておこう。やはり「中国」の埒外《らちがい》であった。

それでも、楚の荘王にせよ、呉王・越王にせよ、中原の諸侯を従属させ、連合の主導権を握ろうとの姿勢をみせたためか、「春秋の五覇」に数える場合がある。「五覇」は文字どおり五人の覇者のことながら、指す具体的な国名・人名は、諸説あって一定しない。覇者が「尊王攘夷」のリーダーなら、「夷狄」の楚・呉・越をカウントするのはおかしいけれど、「春秋に義戦無し」、単に勢力の大小とヘゲモニーの所在をもって覇者の基準とするなら、数に入れてよいということなのだろう。

そして現実にも「中国」の秩序のありようには、南方の野蛮な諸国が欠かせないプレーヤーとなり、覇者を中心とする「中国」の体制も大きく変容してきた。楚・呉・越の君主が「周王」と肩を並べて称した「王」号は、やがて中原の諸侯も倣って称するようになったから、これも南方のインパクトというべきだろうか。ともあれ「中国」に接した長江流域は、その文化的な影響を受けつつ、もはや北方と不可分に関わる歴史を歩みはじめたといってよい。

かくて前五世紀を過ぎるうち、南北は新たな時代に入った。そろそろ各々に特色ある地域に足をつけて、「江南」の歴史をたどっていこう。

目次

黒龍江
ハルビン
長春
吉林
内モンゴル自治区
瀋陽
遼寧
河北
フフホト
北京
天津
寧夏回族自治区
ウルムチ
新疆ウイグル自治区
甘粛
黄河
銀川
太原
石家荘
山東
山西
済南
青海
西寧
蘭州
西安
鄭州
河南
江蘇
長江
陝西
合肥
南京
上海
チベット自治区
四川
湖北
武漢
安徽
杭州
成都
重慶
ラサ
長沙
南昌
浙江
貴州
湖南
江西
貴陽
福州
福建
昆明
広西チワン族
自治区
広東
雲南
広州
南寧
香港
海南
海口
マカオ

現代の中国

物語　江南の歴史

もうひとつの中国史

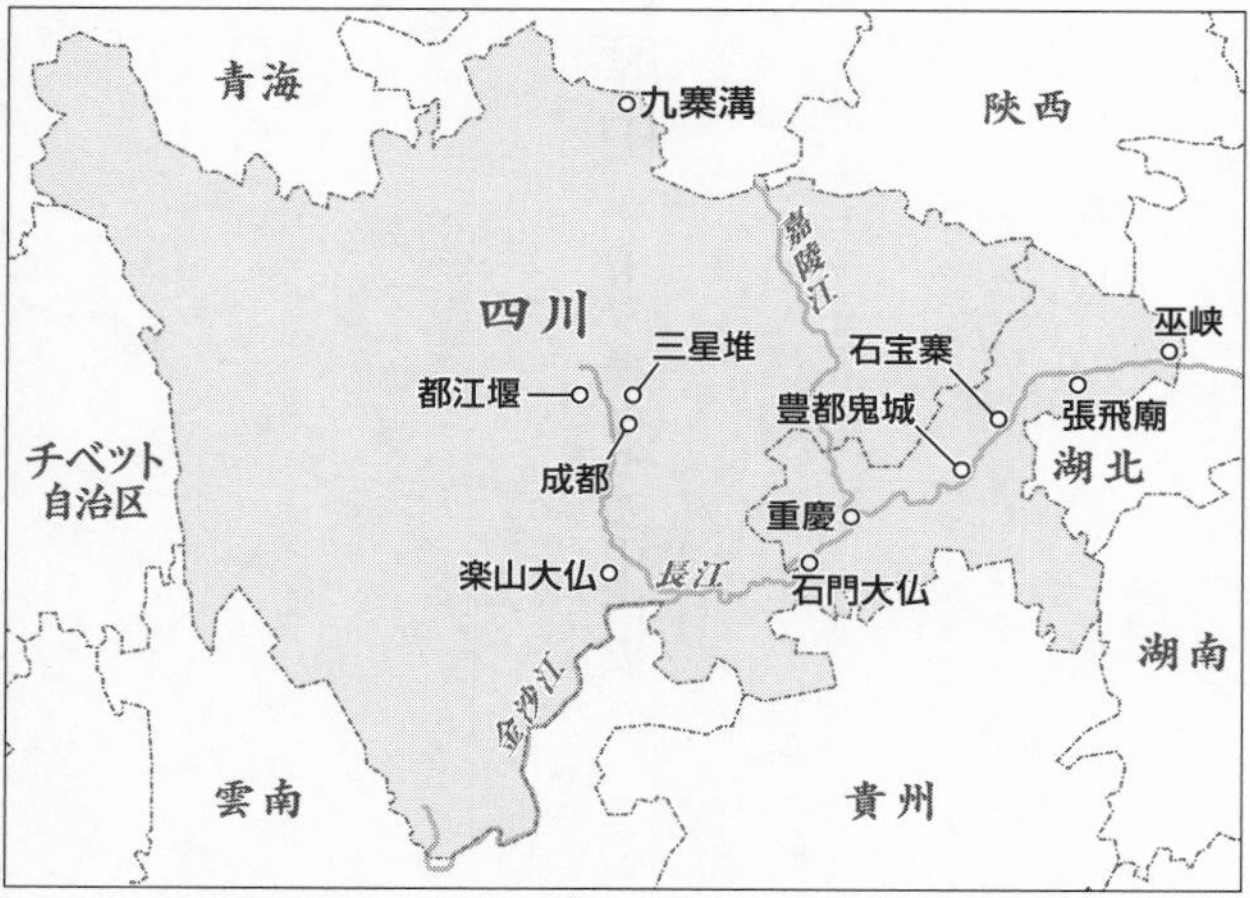
青海
九寨溝
陝西
嘉陵江
四川
三星堆
巫峡
石宝寨
都江堰
豊都鬼城
張飛廟
チベット
自治区
成都
湖北
重慶
楽山大仏
長江
石門大仏
湖南
金沙江
雲南
貴州

1−1　現代の四川

第1章　天府——巴蜀から四川へ

1　風土と開発

長江のスケッチ

「西高東低」といえば、われわれが住む東アジアの冬型の気圧配置である。耳にすると、すぐ風雪を連想してしまうが、それも中国に由来するのかどうか。「大陸性高気圧」というけれど、中国大陸の地形そのものが、西高東低である。

そのため対をなす二大大河、黄河も長江も西から東に流れる。南北の脊梁《せきりょう》をなす二つの東流は、そもそも「西高東低」の地形に発していた。

それならやはり高いところから降りていくのが、おそらく人類史の趨勢《すうせい》にもあっているし、本書の順序としても順当だろう。

長江はチベット高原北東部に源を発し、はるか六千三百キロメートルを流れる、いうまでもなく中国最大最長の河川である。その水量は中国全河川の四割に近い。島国に暮らす日本人には、海にしかみえない広大さがある。

それほどに巨大な河川だから、当然そのエネルギーも計り知れない。運搬する土砂も途方もない量にのぼった。有史以後も絶大な沖積《ちゅうせき》作用を発揮し、河口に広大なデルタを形成したのも納得できる。現在最大の都市たる上海《シャンハイ》などは、一〇世紀以前にはまだ海の底だった。

それでも中国史になじんだ眼からみると、長江はおとなしい。人々に寄り添っている印象がある。黄河ほど氾濫が頻発して流路を大きくかえなかったし、そのため大規模な治水の必要もなかったからである。

流域は平野の広がる中原とちがって、地形が複雑で無数の支流があり、また中下流には附着する湖沼が多かった。中国最大の湖、洞庭湖《どうていこ》・鄱陽湖《はようこ》はじめ、それらはさながら天然のダムのように、長江の水位を調節している。そのため比較的流水量が安定し、本流と支流をくみあわせた水運で、交通路としても利用できた。

そんな複雑な地形になったのも、亜熱帯モンスーン気候に属し、多雨で水流の豊かな環境だからである。雨量の少ない乾燥した黄河流域とは環境がずいぶん異なっており、だから植生・生態系も、中原よりはるかに日本列島に近い。われわれになじみのある環境・景観を形づくった。

長江をこうスケッチしてみると、やはり北方・黄河との対比で語っていることに気づく。どうしても「対」でなくては考えられないのは、中国の本質であるらしい。

そもそも長江と黄河の源流は、そう隔たらないところからともに発している。元来そこから北流するか、南流するかだけのちがいだった。その「対」、わずかな方向のちがいが、大いに異なる世界を作り出したわけである。

みえない上流地域

その南流とともに山中から出てきた支流は、合流に先だって広大な扇状地を形成した。それが現在の四川盆地である。緯度はちょうど日本列島と同じくらい、高地ながら気候も列島人に違和感はなく、長江の流れをたどっていくと、まず人の多く集まって居住できる地域にほかならない。

その盆地には「はじめに」で言及したとおり、考古学上の「文化」が確かに存在していた。にもかかわらず、なかなか歴史に登場してこない。史書文献にあまり見あたらないのは、やはり文字記録を有した中原文明との接触が稀薄《きはく》だったからであろうか。

春秋時代はすでにみたとおり、楚・呉・越が大活躍した。長江の中下流域ばかりだったから、上流の盆地はそれに対し、取り残されていた観もある。しかし活躍といっても、文字に残っている限りではあるので、あくまで中原の諸侯・列国と関わった範囲内のことにすぎない。

後世の四川盆地は往々にして、「その険、自ら守るに足り、その富、自ら保つに足る」と称せられた。そうした様態からすると、交通が険阻《けんそ》で不便だったため、他とあまり関わりをもたずに、自立「自守」していたといったほうがよい。今でも山地で嶮峻《けんしゅん》な地形なのである。

楚や呉・越のように活躍をみせないのは、そうした地勢のため、あまり中原との交渉がなかった、あるいは北方に対し脅威や存在感を示さなかった、だけのことかもしれない。ともあれ情報が乏しすぎるのである。

それでも「険」なら、このように想像もつくし、目にすることもできる。だが「富」のほうはわかりにくい。その地が富庶《ふしょ》を謳《うた》われるようになるのは、やはり中原との交わりができて以後のことだからである。そもそも「富」を称《たた》えたのは、ほかならぬ中原の人々であり、そのまなざしがとらえた影像によっていた。

そうした中原との交わりは、楚・呉と同じく、やはり戦闘・征服を契機とする。険しい長江の上流域に近い中原の諸侯といえば、陝西《せんせい》省の渭水《いすい》盆地、西安《せいあん》あたりの「関中《かんちゅう》」を中心とする秦《しん》であった。そこはかつて西周の興った故地であったにもかかわらず、「秦」を雅名とする。後世「陝州《せんしゅう》」の西側、「陝西」という名称がついてからも、別称の「秦」は、一貫して現在にいたるまでかわっていない。四川盆地は北に接するこの秦に併合されてようやく、史上に本格的な登場を果たすのである。

秦の勃興と併合

その秦も久しく「夷狄」であった。地理的にみても、その地は中原の西に偏している。諸侯と認められるのも、ずいぶん遅れてからだった。前四世紀中葉になっても、「中国の諸侯の会盟に参加せず、夷狄同様の扱いを受けていた」というから、楚・呉など長江流域の列国よりも、「夷狄」度は高かったかもしれない。

そんな秦が中原の世界でにわかに存在感を高めるのは、前四世紀中葉以降のことで、「商《しょう》鞅《おう》の変法《へんぽう》」と呼ばれる一連の改革を経てからだった。商鞅という人物の手がけた改革として、史上名高いこの「変法」の具体的内容に立ち入り、その歴史的な意義を論じる余裕はない。多くのすぐれた研究や解説があるので、それに拠《よ》りつつ、大まかな趨勢だけ述べておこう。

中原の諸侯もこの時期すでに、長江流域の諸国と同じく王号を称しはじめ、諸侯の連合とそのリーダーの「覇者」による秩序維持は、もはや過去のものになっていた。名実ともに戦国時代である。

これは社会・経済の発達に応じた動向でもあった。当時の中国社会は分業が進展し、生産力も拡大している。列国の政府は多かれ少なかれ、それに見あった制度の変革をすすめ、民衆の動員に便利な聚落の直接支配体制を構築し、勢力を拡大した。これを「県」といい、後世は中央政府による地方直轄を意味するにいたる。その制度が形成されたのも、この時代だった。

そうした東方の動向に応じて、やや遅れて改革にとりくみながらも、最もめざましい成功を収めたのが、秦の「商鞅の変法」だとみればよい。戸籍を導入して、いっそう民衆の掌握を強めたこの体制改革は、秦の富強と膨脹をうながし、やがてほかの主要六国を滅ぼして、天下統一を成し遂げる基盤となった。秦を承《う》けた漢以後のいわゆる統一王朝政権を創りあげる制度的な雛型でもある。

秦はその「変法」後、拡大の一途をたどった。まず東に隣接する魏《ぎ》に侵攻する。前三三〇年、南流する黄河以西にあった魏の領地を獲得し、さらに黄河より東にも攻めこみ、前三二八年には匈奴《きょうど》に接する上郡十五県を魏から譲り受けた。「県」をグルーピングしたものを「郡」という。秦のいわゆる「郡県制」が、いよいよその征服地に導入されはじめたのである。

こうした秦の強大化と膨脹のなかで、四川盆地にあった「巴《は》」と「蜀《しょく》」も、ようやく視野に入ってきた。その書きようからすれば、すでに「巴」「蜀」は自立した勢力であり、「巴」は今の重慶《じゅうけい》附近、「蜀」は成都《せいと》一帯を指す。盆地の中心は後者だったので、四川盆地全体は以後、「蜀」という通称でいいあらわすのが通例である。

秦は前三一六年、巴と蜀の対立に乗じて、盆地全域を併呑《へいどん》した。前三一二年には、楚が有していた「漢中《かんちゅう》」の地「方六百里」を攻略して、漢中郡を設置した。漢中は長江の支流である漢水《かんすい》の上流地域で、蜀の北に接している。その翌年には、属領化していた蜀をも、直轄領にあらためて郡を設置した。

秦はこうして、長江水系の上流域を直接支配下にくりいれ、東に隣接する中下流域の楚と対峙することになったのである。「夏の増水に乗じて、蜀の軍隊が長江を攻め下れば、首都の郢《えい》を五日で落とせる」というのが、秦の威嚇のセリフであった。

都江堰

その秦・中原の、あるいは後世の目でみれば、当時の「蜀郡」は、なお未開地であった。そこを秦は老大国の楚に対抗する重要な戦略拠点に位置づけたわけで、いわばテコ入れをはからねばならない。そのうち最も有名なのは、紀元前三世紀半ば、蜀郡の太守《たいしゅ》に任じた李《り》

李冰　都江堰市福隆寺内の石像

冰《ひょう》の手がけた治水事業であろう。

山あいから出てきて盆地に流れ込む河川は、古来えてして急流をなして、制御しづらいものであった。まったくスケールのちがう日本の京都盆地でも、平安京の独裁者《デスポット》白河《しらかわ》院が、「不如意」の最たるものとして「賀茂川の水」をあげたとおりである。

蜀では盆地北部の岷山《びんざん》を源流とし、南流して長江に合する岷江《びんこう》がある。この川が夏の増水期、山から出て来る灌《かん》県あたりで、氾濫を起こしがちだった。しかも西南にある山が河水の東流をさまたげたので、しばしば右岸が洪水にみまわれる一方で、左岸は水が不足し旱魃《かんばつ》に陥る。そんな条件だったため開発がすすまず、生産力も上がらなかった。

そこに赴任した郡守の李冰は、大規模な治水工事を実施する。岷江の川幅が広くなる地点に中洲《なかす》状の堤防を造設して分流させるとともに、その流れを東岸の旱魃地に導く水路を建設した。父子二代、長い年月をかけて竣工《しゅんこう》に導き、これが今も残る都江堰《とこうえん》の原型となる。

これで灌漑をえたのは、十数県・二十万ヘクタール以上の面積に及んだ。現四川省の省都・成都周辺一帯の平原は「沃野千里《よくやせんり》」となる。後世には「天府之国《てんぷのくに》」とすら称せられるにいたった。

現在その成都の中心部には「天府広場」があって、毛沢東《もうたくとう》の銅像が立っている。いわば当地のシンボルといってよい。その「天府」を作りあげた李冰父子のほうは、都江堰はじめ各地で歴代、神として祀《まつ》られてきた。蜀・四川が歴史の舞台で活躍するのは、この李冰から毛沢東のタイムスパンにほかならない。

2　彩る史実

「天府」

「天府」はしかしながら、元来は普通名詞である。地勢に恵まれ肥饒《ひじょう》で要害の地をあらわすから、そう呼ぶに値する地域はごく限られるものの、特定の土地を指すことばではなかった。それがなぜ成都・蜀がいわば独占するようになったのだろうか。

「天」というくらいだから、原義はともかく、字面から「天命」「天子」に直結してくる。「天下」を取り、かつ治めるような土地でなくては、「天」と称する甲斐《かい》がない。そこで史上の用例をみてみると、やはり天子に関係している。

最古の史書『史記』では、「天府」とは秦の本拠、渭水盆地の「関中」を指すことばであった。戦国時代に合従策《がっしょうさく》をとなえた蘇秦《そしん》の辯舌《べんぜつ》では、「天府」は秦のみならず、現在の北京周辺である燕《えん》を指しても用いている。しかしやがて、秦が「天下」を制したがゆえに帰趨は決まった。

その秦の滅亡後、後継政権となった漢《かん》の建国で、高祖劉邦《りゅうほう》が長安を都に定めたのは、謀臣張良《ちょうりょう》が「関中」を「沃野千里」「金城千里」と表現、「天府之国」だと推したからであった。「天府」はやはり「天下」第一の府《くら》で、天子が君臨するにふさわしい首府でなくてはならない。以後「天府」といえば、久しく「関中」の代名詞であって、唐《とう》の時代まで確かにそうだった。

それに対して、「関中」の西南に接し、新たに秦に帰属した漢中や蜀は、やはり「天府」の周辺にとどまる。しょせんは「天府」のワキ役・附随品、「巴蜀漢中之利」でしかなかった。『史記』ではその種の表現ばかりである。

それなら蜀はどのようにして「天府」となったのか。それには、蜀が「天下」の主人公となる必要があって、蜀が主人公といえば、やはり「三国志《さんごくし》」である。「三国志」といえば諸《しょ》葛亮《かつりょう》、諸葛亮といえば「天下三分《てんかさんぶん》の計」である。

益州《えきしゅう》（蜀）は険塞にして、沃野千里、天府の土なり、高祖（劉邦）は之に因《よ》りて以《もっ》て帝業を成す。

以上が該当の一節、正史の『三国志』諸葛亮伝に記載する。

このフレーズは「高祖」云々《うんぬん》を省略して、通史の『資治通鑑《しじつがん》』、教科書の『資治通鑑綱目《しじつがんこうもく》』に引かれ、そしてのちに小説の『三国志演義《えんぎ》』には、省略せずそのまま採り入れられたから、宋《そう》代以降の知識人はおそらく正史の『三国志』を読まずとも、劉備《りゅうび》一党・諸葛亮の事蹟を愛惜すれば、益州・蜀こそ「帝業」を果たすべき「天府」の地と記憶し、その認識が定着したことだろう。

諸葛亮

正史の『三国志』の作者・陳寿《ちんじゅ》は蜀の出身で、地元の劉備政権をいわば身びいきして、かなり持ち上げて著したといわれている。その傾向が発展して、漢王朝の末裔《まつえい》たる劉備とその股肱《ここう》たる諸葛亮を正統・主人公とする「三国志」の物語が生まれた。よく考えてみれば、諸葛亮の「天下三分の計」も真偽はごく怪しく、ほとんど事後予言である。だからこの「天府」という措辞も、そんな陳寿の著述態度の発露だったのかもしれない。ともあれ千載《せんざい》ののち、現代まで「天府」という美称を獲得しえたのだから、お国自慢の陳寿も本望、以て瞑《めい》すべし、というところだろう。

奥座敷

もちろん史実では、劉備も諸葛亮も「天府」の蜀を領有しながら、「帝業を成す」ことはかなわなかった。かれらだけではない。漢の「高祖」劉邦を除き、以後の蜀の勢力・政権は、ことごとく亡国の末路をたどっている。劉邦だって、別に蜀を本拠にしたわけではなかったから、蜀は「天府」にもかかわらず、「天下」の「帝業」とは無縁だった。だからといって、まったくの辺境・田舎というわけでもない。はじめから微妙な土地なのである。

「三国志」の蜀は著名ながら、劉備と諸葛亮を合わせても前後二十年ほど、その程度ならほかにも類例は少なくない。先んじては、一世紀・前漢末の群雄で、後漢を建てた劉秀《りゅうしゅう》に対抗し成都で帝位に即いた公孫述《こうそんじゅつ》、遅れては、四世紀・五胡十六国《ごこじゅうろっこく》時代に割拠した李雄《りゆう》もそうであって、前者は十二年、後者は三十年近く帝位にあった。もっと時代が下れば、一〇世紀・いわゆる「五代十国《ごだいじっこく》」の前蜀《ぜんしょく》と後蜀《こうしょく》、やはりそれぞれ二、三十年の命脈である。一四世紀の明玉珍《めいぎょくちん》父子、一七世紀の張献忠《ちょうけんちゅう》も十年以上、自立した。しかるのちそれぞれ中央政権に併呑される末路のパターンはほとんど同じであって、何も「三国志」を特別扱いする理由もないだろう。

そんな蜀の支配者ということでは、後漢末の劉焉《りゅうえん》が先駆者としておもしろい。劉焉は生年は不明だが西暦一九四年に歿《ぼっ》しているので、二二四年逝去の劉備よりおそらく一世代上の人物、ごく素性の怪しい劉備とは異なって、れっきとした漢王朝の一族である。

そんな身分のかれは一八八年、当代政治の紊乱《びんらん》から天下大乱を見越して、保身のため首都から逃れるべく、地方下向を申し出た。正史の『三国志』によれば、そのさい益州・蜀に「天子の気」があると聞いて、そこの大官拝命を決めたというのだから、はじめから下心があったわけである。この劉焉の息子が劉璋《りゅうしょう》で、二十年蜀を治めたのち、劉備に乗っ取られるという次第。それなら劉焉の「天子の気」も、諸葛亮の「天府」と同様、陳寿の潤色かもしれない。

ともあれ中央から逃れ、また離れながら、しかし巻き返しをはかる、というのは、のちの劉備も踏襲したパターンである。「三国志」に限らない。八世紀半ばの安史《あんし》の乱で、長安から落ちのびた唐の玄宗《げんそう》、くわえて二〇世紀、日本軍に南京《ナンキン》を逐《お》われた民国の蔣介石《しょうかいせき》まで受け継がれた。

そもそもが険阻な地勢である。天下大乱に陥れば、中央の動きとは自《おの》ずから遠く隔たって別天地をなした。それにもかかわらず、中央の政界とまったく切り離されてしまわないのは、史上一貫している。秦の巴蜀征服、あるいはそれから百五十年のち、劉邦の漢王朝建国に源を発する、蜀・四川の地政学的な属性であった。

盛唐の二大詩人・李白《りはく》と杜甫《とほ》はそろって、蜀への道程が嶮《けわ》しいことを詠った。前者はその山水風光をつぶさに描写し、後者はそこに安史の乱という苦難をも寓《ぐう》しつつ、それでも最後に残された別天地へ向かう憧憬と楽観がある。

表舞台にすすんで登場し、主役を張るのは難しい。それでもしばらく引きこもって、平穏に暮らせる安堵《あんど》があった。そんな取って置きの奥座敷という個性に満ちている。

経済的・文化的なプレゼンス

政治的に引きこもれる奥座敷でありえたのは、経済的な裏づけがあったからである。割拠政権を立てても数十年は持ちこたえられたし、治安さえ確立すれば、他地域に対しても経済的な優位にも立てた。地形的に交通が不便なので、政治的にも経済的にも孤立しがちながら、それでも自立できたのが強みである。

気候も穏和で、李冰の治水事業によって肥沃豊饒な耕地に恵まれた。米穀はもちろん、中国の特産・生糸の生産もまずここに指を屈し、絹産業も早くから栄えている。日本で通用する「蜀江錦《しょっこうきん》」はややおかしな漢語ながら、そのありようを今のわれわれにも伝えてくれる一方、実際に成都を流れる岷江の支流を「錦江《きんこう》」といい、成都の別称としても用いてきた。古代の生糸は貴重品で、外貨のようなものだから、外貨の豊かな富裕な土地だといってよい。天与の条件という意味なら、確かに「天府」であった。

長江流域はそこに政権を置いた三世紀から六世紀、およそ四百年のいわゆる「六朝《りくちょう》」時代を経て、著しい経済発展を遂げており、蜀もそれに呼応した発展をみせている。いまひとつの特産品お茶も、この時期から有数の産地として著名になった。

薛濤

中心都市の成都は、すでに秦のころから都会である。秦を承けた前漢時の統計として、七万六千戸の数字が上がっており、およそ四十万人近い住民がいたともみられ、全国有数の大都市だった。

大都市の経済力は美人を生み出す。唐の美女といえば楊貴妃《ようきひ》であって、彼女も成都の出身である。唐代中期の大都市といえば、首都の長安でも洛陽でもなく、長江下流の揚州《ようしゅう》か上流の益州、すなわち成都であって、俗に「揚一益二《よういちえきに》」と称せられた。政治よりも経済で注目すべき土地柄になっていたともいえよう。

蘇軾

経済的な富裕は、豊饒な文化を育んだ。漢の時代には、司馬相如《しばしょうじょ》・揚雄《ようゆう》のような希有の大文章家が、たとえば蜀の出身である。また唐代の文人は、すでに李白・杜甫でみたとおり、蜀でその詞藻《しそう》を発展させた。岑参《しんしん》・薛濤《せっとう》・李商隠《りしょういん》など、まったく詩文に不案内な筆者でも、何人もあげることができる。ことに女流詩人の薛濤はゆかりが深く、四川の特産の一つに紙があり、彼女にちなんだ「薛濤箋《せっとうせん》」は、今も日本でも有名だ。木版印刷のはしりも、ここにある。

そして宋代には、蘇洵《そじゅん》・蘇軾《そしょく》・蘇轍《そてつ》の父子兄弟、いわゆる「三蘇」の巨匠が出た。中国史上屈指の文豪たる唐宋八大家のじつに三人を占める親子である。東坡肉《トンポーロウ》（豚の角煮）にも名の残る蘇東坡《そとうば》（蘇軾）は、新法を推し進めた王安石《おうあんせき》に反対した政治家としても有名で、その流れをくむ系譜を「蜀党」といった。

紙幣のふるさと

唐宋八大家といえば、文学上の唐宋変革につながる。そこであらためて、その革新時代の社会経済にたちもどると、蜀はやはり重大な地位を占めた。

一〇世紀前半の半世紀は、短命王朝が隆替《りゅうたい》し、地方割拠政権が濫立した時代である。蜀ももちろん独立政権だった。王建《おうけん》が九〇七年に建てた前蜀《ぜんしょく》、および九三四年に孟知祥《もうちしょう》が建てた後蜀《こうしょく》である。やはり乱世に自立しがちな土地柄であるとともに、唐代の経済発展を受けた後でもあったために、「前」「後」とも蜀国は、屈指の富強を誇った。

しかし富裕と平和に慣れた蜀の政権は、一〇世紀も半ばを過ぎると、軍事強国の中原王朝の圧迫を受け、困窮に陥る。

それまで強国と肩を並べて銅銭を鋳造していたのが、鉄銭の発行に転じた。史実としては前後するものの、後述するとおり南方諸国におよそ共通したパターンである。平価を切り下げて輸出の便宜をはかるとともに、正貨・外貨の流出を防ぐ目的であり、むしろ弱小国の経済政策ともいってよい。これで蜀地域は、別の通貨ブロックとなった。

乱世を収束させ、統一を果たしたのは、九六〇年に建国した中原王朝の宋である。割拠する諸国を次々に征服した宋の政権は、政治・軍事のみならず、経済的にも統一を果たすのが課題であった。その一環として、宋の本位貨幣だった銅銭を全国一律に流通させる政策をとり、新たに併合した長江以南の地域に対し、着々と銅銭を普及させてゆく。

後蜀も九六五年、宋に併合された。この時の宋軍の掠奪狼藉《りゃくだつろうぜき》は、ことにひどかったと伝えられる。後蜀朝廷の財宝をすべて接収したばかりか、成都特産の絹錦《けんきん》も強制的に買い上げたり、職工を都の開封《かいほう》に連行したりするなど、搾取を続けた。蜀の住民がいよいよ困窮して、宋の中央政権に反感を強めたのは想像にかたくない。

そんな民意のあらわれだろうか。この蜀のみは銅銭統一政策が成功しなかった。原料となる銅が他の地域にとられて不足し、また地元に銅鉱脈が乏しかったという条件も手伝ったであろう。ともあれ蜀は最後まで、併合以前の鉄銭ブロックのまま、経済的には独自の空間を維持した。

もちろん経済的にまったく孤立していたわけではない。域外との価値移転は別途、貴金属の銀でおこなわれたし、これはほかのところでも同じである。しかしたとえ域内限りでも、鉄銭の交易活動は、さすがに不便であった。当時の鉄銭がどれくらいの価値があったかは不明ながら、銅銭が今の日本円の五十円に満たないくらいだろうから、その十分の一でも五円玉・一円玉の感覚になる。これでは日常品の売買もわずらわしい。

ありふれた鉄でできた銭など、そもそも素材価値はなきにひとしい。それに価値を付与しているのは、けっきょく発行者・使用者の信認であるから、素材は別に何でもよいことになる。それなら、重い鉄のかわりに軽い紙でもかまわないのであって、ここに紙幣発明の契機が存した。

貨幣経済の進展した宋代は、民間で当局の許可をえて、現銭といつでも交換可能な手形を振り出す制度があって、その手形を「交子《こうし》」という。携行使用に便利な交子が、とくに不便を感じてきた鉄銭ブロックの蜀で喜ばれたのは、想像にかたくない。やがてその焦げ付きが続出して混乱に陥ったので、指定認可した成都の資産家十六家に交子の発行を限り、三年の通用期限を定めて兌換《だかん》させる制度に改めた。単なる手形から、いわば銀行券のようになったわけである。

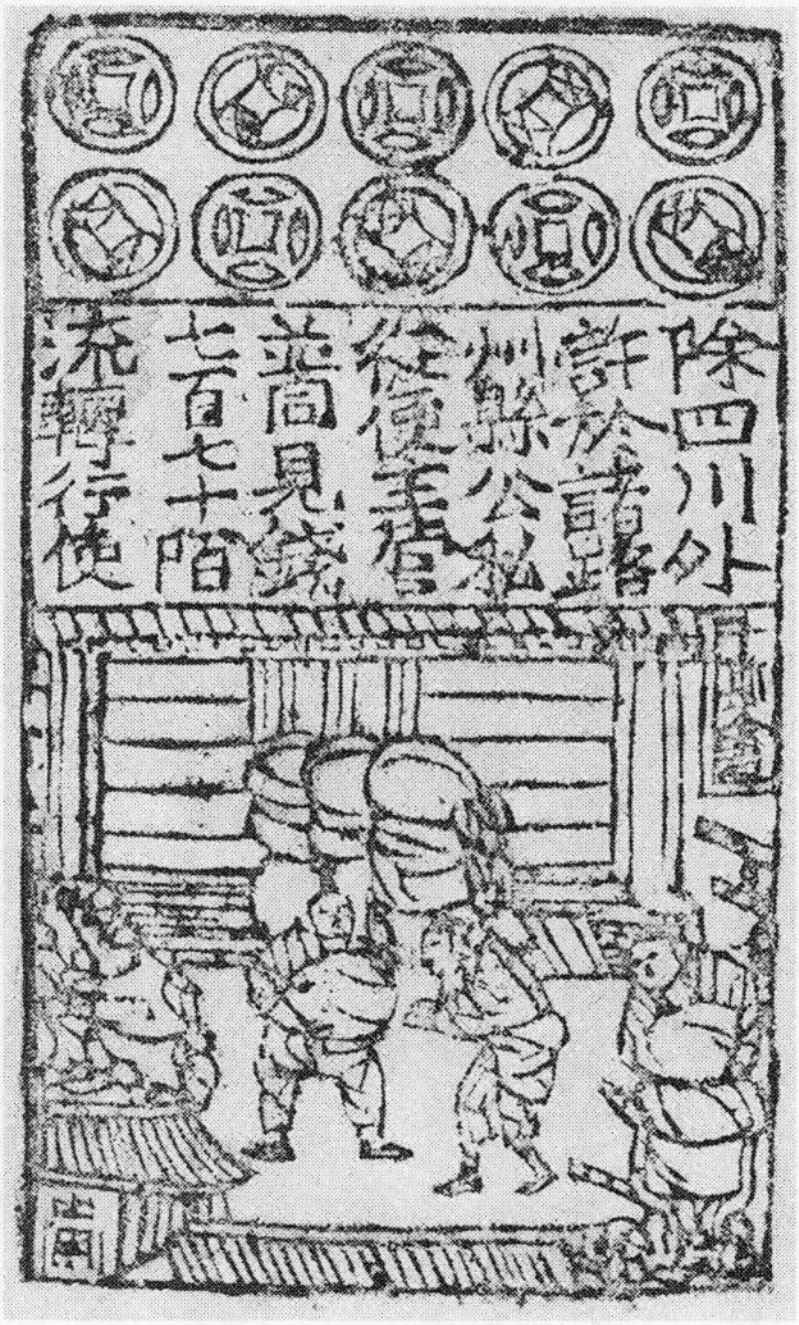

1-2　交子（紙幣）

まもなくこうした民間の発行を官営に切り換えることにしたため、ほとんど政府発行の紙幣にひとしくなった。兌換準備金を設け、発行の最大限度額を規定している。時に西暦一〇二四年、世界に先駆けた紙幣の発行流通であり、富裕にして困窮した蜀・四川は、その起源をなす地だったのである。

3 辺境としての近代

「四川」

一〇世紀初頭から宋代にかけては、江南の全域で現代につながる各地の枠組みが決まった時代でもあった。かつての「十国」は江南の河川域をそれぞれ領有し、分水嶺《ぶんすいれい》で仕切られた国境は、地図でもわかるように、おおむね現在の省境に重なる。つまり現在に続く地域区分が、この時政治行政的にもできあがったのであって、それだけ安定的な圏域になってきた。宋はそれを広域の監督区分として、「江南西路」「広南東路」などと命名した。それが現在の省名の江西《こうせい》省・広東《カントン》省になっている。

一〇世紀の前蜀・後蜀の境域は、古代に「巴蜀」と呼ばれ、州名としては「益州」、また「西川《せいせん》」という通称もあった。それが現行の「四川」という名称になったのも、やはり宋代である。

当初はかつての「西川」と著名な長江上流の三峡にちなんだ「峡西《きょうせい》」との合称「川峡《せんきょう》

路《ろ》」という名前だった。その「川峡路」は一一世紀、益州（成都府）・利州《りしゅう》・梓州《ししゅう》・夔州《きしゅう》の要地を中心とした四路に分かれ、その総称たる「川峡四路《せんきょうしろ》」を縮約総称して「四川路《しせんろ》」と呼びならわしたのである。正式に「四川省」という行政区画になったのは、モンゴル時代だった。

もっとも各々の地域をみれば、宋代に名称や枠組みは決まっても、当時はなおその内実が十分に備わらない、あるいは変動の余地のあるところも多かった。そうした事情は以下の各章でもふれることになるだろう。江南は全体として、まだまだ開発途上にあったといってよい。

四川はそうしたなかで、つとに開発のすすんだ地であった。経済的に有力な内陸の重地としての地位を確立しており、以後も騒乱が起こると、前代と同じく自立しがちな経過をたどっている。

世界史的な「危機」の時代、たとえばモンゴル帝国崩潰《ほうかい》時の一四世紀後半、明清《みんしん》交代の一七世紀半ば、いずれもそうだった。前者の争乱割拠では明玉珍が自立し、嗣子《しし》の代に明の太《たい》祖《そ》・朱元璋《しゅげんしょう》に滅ぼされている。後者は明朝を滅ぼした流賊《りゅうぞく》の一派、張献忠《ちょうけんちゅう》であり、やはり政権を樹立してまもなく、清朝の攻撃を受けて亡んだ。自立的ながらけっきょくは自立できないという法則のようなものが、あいかわらず作用している。

くりかえしにもみまがう史実経過ながら、それでも時々の騒乱・変動の影響は受けないわけにはいかない。そこにやはり歴史の進行をみることができる。そうした変動のうち、上に述べた「四川」の名称と同じく、現代に結びついてくる動向をみておきたい。

張献忠という断絶

一七世紀は世界史の動向からみても、現代の一つの出発点をなしている。大航海時代の商業ブームが終息し、気象変動で寒冷化が激化し、景気の後退と生産の減少で困窮をきたす地域が続出した。

これを西洋史で「危機」と称するが、その動きは中国大陸でも例外ではない。とりわけ治安の悪化がピークに達して反乱があいついだのは、生産力が低く、飢饉《ききん》の頻発した西方の内陸地方である。一六三〇年代に入ると、各地で蜂起が頻発した。

そこに地元の匪賊《ひぞく》のみならず、食いつめた駅伝の労働者、他郷からの流亡民も加わって反乱と化したばかりか、その規模も一気に拡大した。この反乱集団を「流賊」と称するのは、一ヵ所にとどまらず、各地を転々とし攻撃、逃亡、掠奪してまわったためである。

この「流賊」には、陝西省の延安《えんあん》出身者が少なくない。二大巨頭となる李自成《りじせい》と張献忠がその代表的な存在だった。圧倒的に有名なのは前者、明朝を亡ぼしたのだから当然である。

崇禎《すうてい》十七年（一六四四）正月に西安で帝位に即いて大順国《だいじゅんこく》を建てるや、三月には攻め入った北京を陥れ、崇禎帝《すうていてい》を自縊《じい》においこんだ。

かたや張献忠も同年八月、著名な李自成の北京攻撃にやや遅れて、四川の成都で即位し、大西国《だいせいこく》を建てている。当初の勢力も、李自成におさおさ劣るものではなかった。もともと離合集散をくりかえした二人が、最終的に袂《たもと》を分かったのは、目的地が異なっていたからである。李自成が北上し、明朝と対決するという美名をとったとすれば、張献忠のほうは長江流域を転戦して、豊かな四川を席巻《せっけん》した。実利をとったというべきだろうか。

しかしかれら「流賊」にとって思いがけなかったのは、清朝の入関《にゅうかん》だった。北京を攻略してまもなく、李自成は清軍に圧倒されて敗亡する。西進を続けた清軍は余勢を駆って、さらに南下し、四川を攻撃した。張献忠の大西国も、翌々年にはあっけなく亡んだのである。

こうして清朝の支配が確立していった。それでも騒乱は、なお終わらない。明朝の残存勢力の抵抗、ついで清朝から離反した三藩の乱があいついで起こって、四川はひきつづき戦場にならざるをえなかった。かくて「一七世紀の危機」・明末清初の動乱がもたらした甚大な被害のうち、傷跡の最も深かったのが四川である。一六三〇年代からおよそ半世紀で、四川全省で七百万人近くの犠牲者を出し、五十万ほどの住民しかいなくなった。そんな数字をあげる学説もある。もちろん数値は諸説あるし、期間をどれだけとるかでもかわってくるから、

	年平均増加率 1820-1953(%)
	1.4
	-1.4
	-5.4
	-8.9
	10.4
	17.1
	31.3

定説は求めがたい。

　そんななか最も流布した俗説では、四川荒廃の原因をもっぱら「流賊」の張献忠が大量殺《さつ》戮《りく》をおこなったことに帰する。その虐殺行為が実在し、また凄惨だったことは疑いえない。それでも清朝・官側の記録・史料にもとづく所説であれば、当時の人口激減の責めをかれだけに負わせるのは、いささか公平を欠くみかたではある。

移民の再開発

　いきさつはどうあれ、四川は「一七世紀の危機」を経て、人煙の絶えた原野が広がる結果となった。「巨大な真空」とも形容され、以後一世紀の長きにわたって、厖《ぼう》大《だい》な移民を呑《の》み込んでゆく。とりわけ隣接する湖北・湖南からの移民がおびただしい。その湖北・湖南も後述するように、なお新開地だった。かくて移民を受け入れ、人口を増していった一八世紀の長江上中流域は、最も流動性の高い地域だったのである。

　ともかく四川は、こうして面目を一新した。徹底的な破壊を経て再出発を遂げた後、生まれ変わったといってもよい。人口の急増は既成の官僚機構の許容量《キャパシティ》をはるかに超えていた。新たな移住民のコミュニティが叢生《そうせい》すると、その治安を維持し、秩序を成り立たせるために、強いリーダーシッ

省	1749年	1776年	1820-21年	1953年	年平均増加率 1749-76（%）	年平均増加率 1776-1820（%）
江蘇	209.7	324.4	394.4	412.9	16.3	4.5
安徽	215.7	258.6	320.7	305.9	6.7	4.9
浙江	118.8	223.7	273.4	228.3	23.7	4.6
江西	84.3	187.8	223.5	166.1	30.1	4.0
湖北	77.7	161.7	194.8	274.5	27.5	4.2
湖南	86.7	152.5	189.8	332.3	21.1	5.0
四川	25.1	168.1	235.7	651.1	**73.0**	**7.7**

1－3　**清代江南の人口推移**　単位：10万人

プが必要となる。こうして在地のエリートが大きな勢力を有した。地元の有力者・郷紳《きょうしん》が力をもったのは、中国近代史の大きな特色ながら、四川はその典型をなす（1－3）。

そうした強力なリーダーシップのもと、四川はやがて再開発のブームに沸いた。一つは新たな産物であって、アヘンである。

一九世紀の半ばにイギリスとアヘン戦争をひきおこしたこの麻薬・薬物は、その当時から中国内での生産が広がりはじめていた。アヘンの吸引が中国社会に普及すると、高価な輸入アヘンの購入は頭打ち、減少傾向となり、廉価な中国産アヘンが圧倒的なシェアを占めるにいたる。

アヘンは換金性の高い商品作物だったから、なかでも開発の余裕があった四川にケシの栽培が広がった。二〇世紀のはじめ、全土のおよそ四〇％の量を四川産アヘンが占めたという（1－4）。こうしたアヘン生産が四川の富力を高め、その人口急増と地方政府の運営を支えてきたのは確かだった。

一九世紀の半ばといえば、江南は凄惨な内乱の時代。とりわ

省	生産
四川	200,000
雲南	30,000
貴州、東三省	15,000
陝西、直隷、山東	10,000
甘粛、山西、江蘇、浙江、河南	5,000
湖北	4,000
安徽、湖南、広西	3,000
福建	2,000
江西、広東	500
合計	269,500

1－4　中国のアヘン生産

1904年、単位：担（ピクル）＝60kg

け太平天国《たいへいてんごく》戦争の主要舞台となった長江中下流域は、甚大な被害を受けた。数千万もの犠牲者が出たといわれ、「人類史上最悪の内戦」と呼ぶ向きもある。上流の四川も戦災をまぬかれなかったものの、それでもまだ軽微なほうだったためか、戦後は復興物資の供給を担うようになった。

　なかんづく著名なのは塩である。それまで四川のみのいわば地産地消だったのが、東隣の湖北に移出するにいたった。「川塩済楚《せんえんせいそ》（川《しせん》の塩で楚《こほく》を済《すく》う）」という。

　内陸の四川では古来、塩分濃厚な地下水を汲《く》み上げて製塩し、自給することができていた。いわゆる「井塩《せいえん》」である。こうした四川の塩業は、「機械技術以前の技術が到達し得る極限を示す」とも称せられる独特な竪井《じゅせい》技術で著名だった。それが世界的に知られたのもこの時、さらに産塩地の周辺から出る天然ガスの開発もすすんで、とみに生産力を増大させたからである。四川塩業は以後、飛躍的な発展を遂げ、「黄金時代」を築くにいたった。塩を原料とする化学工業もほどなく勃興する。

かたや長江流域で内陸の湖北は、歴史的に沿海の江蘇《こうそ》省・淮南《わいなん》地方から、長江の水運を通じて供給を仰いでいた。ところが長江筋の内乱で流通が途絶し、淮南の塩産地も荒廃したため、生活に必需の塩が欠乏しかねない危機に陥る。四川の産塩がそれを「済《すく》」ったわけであり、これは二〇世紀の日中戦争でもくりかえされた。

チベットへの道

四川の経済的なプレゼンスは近代になって、このようにいよいよ比重を増していった。それは四川そのものの膨脹をも結果し、東西それぞれに拡大する。

近代の航運は水量が豊かで比較的安定した長江をも、主要航路に位置づけた。その要衝が古《いにしえ》の「巴」、つまり重慶《じゅうけい》である。一八九〇年に四川盆地の窓口として開港場となって以後、省都の成都をしのぐ一大発展を遂げ、日中戦争では国民政府の蔣介石がたてこもり、追った日本軍も空爆を敢行した。いまや中国で一、二を争う大都市である。

そして増殖した四川の人々は、いっそう人口稀薄な西方に移住・入植をはじめた。西方に広がるチベット高原であり、「カム」と呼ばれる東チベット地方に入植者が増加していった。

こうした動向は、折しも高まってきた漢人の中国ナショナリズムともあいまって、チベットを「中国本土《チャイナ・プロパー》」と同化し、省を建てようとの志向を強めてゆく。かくて二〇世紀初頭には、チベットの帰属は英領インド・英露も巻き込む国際政治の一大イシューと化した。現代チベットをめぐるいわゆる民族問題・国境問題は、ここに端を発している。

この「カム」の地方は、音訳で「康《カン》」の字をあてて漢語にした「西康《せいこう》」、あるいは四川の辺境という意味の「川辺《せんぺん》」と呼ばれて、当初は川辺特別区、のちには「西康省」となった。チベット・イギリスと中国との間で、その帰属をめぐり一貫して対立が続いたのである。「西康」「川辺」いずれも、現代の中国に行政区域としては、もはや存在しない。前世紀の半ば、中華人民共和国の建国まもなく、西康省は廃された。けれども名目はかわっても、実質は消滅していない。チベット問題・民族問題・国境問題は、なお存続している。

そのあたりの機微は、今昔の四川省の地図をみれば、視覚的にすぐ納得できるかもしれない。今の四川省はかつての西康省の大部分をとりこんで、史上の「巴蜀」「四川」とはかけ離れた広さになっているからで、それはとりもなおさず、中国によるチベット同化の進行を意味する。

その動きは現在進行形、「カム」のみならず、ラサをはじめチベットの中心部に向かって、なおとどまるところを知らない。四川は二〇世紀のはじめ以来、その策源地になってきた。こうしてみると、どうやら「巴蜀」の昔から同じように、四川はやはり四川だけでは完結しえない存在であるらしい。

筆者がはじめて中国を訪れたのは、およそ四十年前にさかのぼる。そのいちばんの目的地は、蜀の成都だった。まだ無知な学生時代、ご多分に漏れず「三国志」に憧れて、どうしても行ってみたかったのである。

諸葛孔明の墓参りよろしく武侯祠《ぶこうし》を実見、世界一辛い麻婆豆腐を堪能《たんのう》し、錦江飯店《きんこうはんてん》に宿泊して、……とご満悦な旅。同宿していたドイツ人旅行者たちとラサへのツアーについて、話したこともあった。ちょうど外国人にも開放されて、まもないころと記憶している。

自身はその折、やや体調を崩していたこともあって、成都からのチベット旅行に参加していない。けれども当時はほとんど能天気に、観光のことしか頭に浮かばなかった。

自分の目にした四川・成都がどんな土地で、どのような履歴をたどってきたのか、隣接するチベットといかなる関係にあったのか、ラサ開放の意味をどう考えればよいのか。長じて訳知りになって、少しありようもみえてきた。

あたりまえのことながら、「三国志」ばかりが四川の歴史ではない。あらためて上古から現代にいたる歴史を嚙《か》みしめたいと思う。

山東
徐州
江蘇
黄海
淮安
安徽
淮河
淮南
揚州
鎮江
常州
南京
無錫
合肥
明孝陵
黄浦江
蘇州
太湖
上海
長江
烏鎮
嘉興
杭州湾
安慶
黄山
西湖
杭州
寧波
舟山
銭塘江
紹興
天童寺
千島湖
廬山
景徳鎮
義烏
天台山
鄱陽湖
南昌
浙江
江西
温州
吉安
福建

2－1　現代の江浙四省

第2章　島夷《とうい》――呉越同舟から東南半壁へ

1　呉越

地理

「江南」という語は最も広くとれば、中国の「南方」という意味にひとしい。淮河《わいが》以南のほぼ全域を指す。しかしこれと同様、あるいはいっそう頻繁にみられるのは、もっと狭義の、長江下流域一帯を指す用法であって、日本人の漢語イメージでは、むしろこちらのほうがポピュラーかもしれない。

すでにひととおり眺めた春秋時代の国名でいえば、呉・越である。そしてのち中流から本拠を遷《うつ》してくる楚も、その範疇《はんちゅう》に入れてよい。

大河の下流であれば、土地が低く水が多く、また高温多湿でもある。ということは、とにかく水辺である。古代の文脈でいえば、それは人の住みにくい地勢気象にひとしい。乾いて寒冷な中原とは生態系も異なれば、生業《なりわい》もちがう。総じて習俗・ライフスタイルがはるかにかけ離れていた。

およそ中原人には珍しかったのだろう、『史記』貨殖列伝《かしょくれつでん》はこの地域の農耕法を、いかにも奇妙そうに「火耕水耨《かこうすいどう》」と記した。その意味内容は久しく学界の検討課題にもなってきたのである。

さらに「被髪《ひはつ》」「文身《ぶんしん》」「左衽《さじん》」という習俗があった。いずれも住民の身なりであって、髪を結わずザンバラにし、身体《からだ》に入れ墨をし、襟を左前で合わせる、と特筆するのは、やはり中原人には奇態な習俗だからである。

「地広く人稀《まれ》なり」と『史記』もいうように、平地が広がり、住民はまばら、自然の恵みが豊かなので自給も可能だった。生存・生活に不足不安はひとまずない。しかし同時に、「積《しゃく》聚《じゅ》無くして貧多し」ともいう。困窮・飢饉の不安もないだけに、蓄積のインセンティヴは働かないし、交換・取引の動機も機会も少なく、貧寒に悩む人もいなければ、富豪を誇る家もなかった。このように自足して受け身、進取に乏しいのが、黄河文明・中原と比較した長江文明・江南の特徴だといえるのかもしれない。

勃興

それでも中原と接触、交渉した地域は、その異文明の影響もあってか、次第に様相がかわってきたようである。少なくとも「貧多し」ばかりではなくなった。そんな富強化を象徴するのが、呉・越の勃興である。

紀元前六世紀後半から五世紀にかけては、春秋時代の終盤で、上にふれたとおり、その当時に長江下流域で呉・越という国々が新たに勃興し、勢力をにわかに拡げた。「呉」といえば長江河口の太湖附近、今の蘇州《そしゅう》あたり、「越」は会稽《かいけい》、つまり現代の浙江省の紹興《しょうこう》市附近を指す。

史書の語るところでは、呉は前六世紀半ば、寿夢《じゅぼう》という君主のころから興隆をはじめた。勢力が大いに拡大したのは、その孫の闔閭《こうりょ》の代である。前五〇六年には楚の都邑《とゆう》・長江中流の郢《えい》を一時占拠するなど、その支配領域が一挙に広がった。

こうした呉の隆盛に深く関わったと伝えられるのが、伍子胥《ごししょ》や孫武《そんぶ》など、他国出身の人材である。とりわけ楚国出身の伍子胥は、大臣の父を殺されて呉に亡命、闔閭を補佐して祖国を攻撃して復讐《ふくしゅう》を果たしたものの、まもなく讒言猜疑《ざんげんさいぎ》に遭って自刎《じふん》した。あまりに劇的な復讐・末路ではあって、史実とは考えにくい。

つまり歴史というよりは、文学なのであって、筆者も高校の漢文の授業で親しんだ記憶がある。伍子胥の事蹟が絵空事に失して戯曲にすぎないとは、つとに宮崎市定《みやざきいちさだ》も喝破したところだ。しかしディテールはさておき、そうした存在全体を中原文明の影響と概括し、一般化すれば、リアリティも増してくる。

伍子胥その人がすでに中原列国と交渉のある楚の出身だったように、呉と楚の争いには多くの中原諸侯が関与していた。『左伝《さでん》』には、やはり楚の中公巫臣《しんこうふしん》という人物の復讐譚《たん》を載せており、やはり真偽こもごも錯綜《さくそう》するようではありながら、伍子胥の物語よりもずっとリアルに映る。呉はかれの仲介で、中原の大国・晋と国交を結び、中原流の技術や用兵を伝えられた。

時に青銅器時代、豊富良質な銅資源を有した呉で名高いのは、剣の鋳造である。呉の中原の覇権とあいまって、「干将《かんしょう》」「莫耶《ばくや》」「魚腸《ぎょちょう》」などが名剣として伝わった。これも中原から技術が伝播《でんぱ》して洗練を重ねたことによるものだろう。出土遺物にも「越王勾践剣《えつおうこうせんけん》」など、青銅製の武器が数多い。その強勢ぶりをしのばせる。

「臥薪嘗胆」

呉・越の興亡は伍子胥の劇的な生涯とあいまって、やはり物語的に「臥薪嘗胆《がしんしょうたん》」として伝わってきた。呉の闔閭は西隣の楚や北方の中原との関係に気をとられて、東南に隣接していた越に足をすくわれる。前四九六年、越との戦いで被った負傷がもとで、闔閭が逝去したことをきっかけに、血みどろの呉越戦争の幕が切って落とされた。

闔閭の後を継いで王に即位した夫差《ふさ》は、父の復讐を掲げて越に猛攻を仕掛け、勾践《こうせん》を会稽《かいけい》に追いつめ、屈服させた。その余勢を駆って中原に進出し、覇者の地位をうかがうまでにいたる。

いっぽう心ならずも屈従を強いられた勾践は、苦い獣の胆《きも》を嘗《な》め、薪《たきぎ》でできた固さ満点のベッドで寝て、雪辱を期しつづけた。そして北方の経略《けいりゃく》に集中していた夫差の背後を急襲、宿願を果たしたのが前四八二年。呉はこの敗戦を転機に衰えて、およそ十年後、越に滅ぼされる。越は呉に取って代わって勢力を北方に拡大し、中原の諸国連合を脅かす存在へと成長した。「臥薪嘗胆」の主役だった呉・越を「春秋の五覇」に数えるのも、こうした経緯によっている。

上のような物語から、不倶戴天《ふぐたいてん》の敵対関係を両国に想定するのが通例であり、のち「呉越《ごえつ》同舟《どうしゅう》」という四字熟語ができたほどである。しかしながら伍子胥にせよ臥薪嘗胆にせよ、多分にフィクションが混入しているとすれば、呉越両国の隆替は史実であったにせよ、仇敵《きゅうてき》の相剋《そうこく》興亡というよりは、むしろ同工異曲、ないしはリフレインとみたほうがよい。長江中流域の楚に続く、下流域の波状的な興起、しかも中原との関わりから富強化した事例として、呉・越をひとまとめに解するほうが実情に即していよう。

呉に復讐を遂げた越王勾践の謀臣といえば范蠡《はんれい》。『太平記』の児島高徳《こじまたかのり》の逸話でもおなじみの名前だが、のち中原で陶朱公《とうしゅこう》という大商人になった、およそ伝説的な人物である。だからこれも呉の伍子胥と同じく、中原の影響を象徴した物語とみればよい。

やはり呉と越は一対のユニット、一体化した地域とみるべきであって、後世には「呉越」と名づける国も存在したくらいである。「呉越同舟」というタームもその意味で理解したほうが、歴史的にはかえって正しいのかもしれない。そして下流域のこうした興隆・発展は、時代が下るにつれて、先んじた楚の本拠だった中流域をどうやらしのぐようになってきた。

秦の併呑

その楚は呉の攻撃でいったんは郢を失ったものの、ほどなく再起する。前五世紀に淮河流域や山東方面に進出していた越と勢力を争い、勾践のあと衰えた越を併合して、長江流域の大国の地位を回復した。

ところが前四世紀には、上述のとおり「商鞅の変法」でにわかに強大化した秦が、西方・上流から楚に圧迫を加えはじめた。秦に外交で翻弄され戦いに敗れて、囚《とら》われの身となった

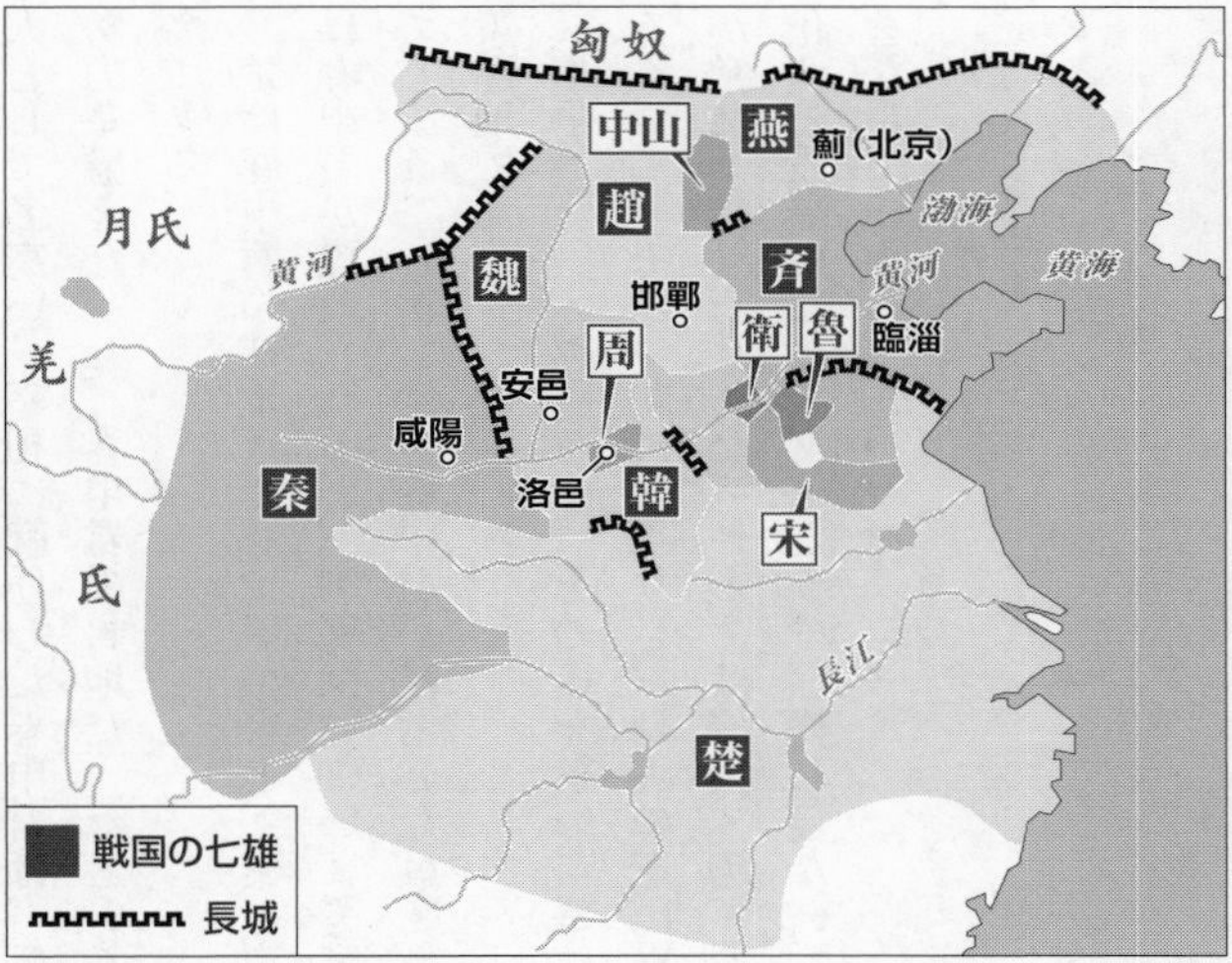

2－2　戦国時代

あげく亡くなる楚の懐王《かいおう》の悲劇が、なかんづく著名なエピソードである。秦は前二七八年に郢を攻略し、雲夢沢《うんぼうたく》など洞庭《どうてい》湖《こ》周辺の山林藪沢《そうたく》を奪って、圧倒的な優位に立った。

本拠の長江中流域を失った楚は、以後いっそう北方の淮河流域を本拠とする国に変質する。中原に近くなっただけに、その境域内の比重でいえば、東方の長江下流域との関係が緊密化した。だとすれば、やはり呉・越の故地の繁栄はみのがせない。

それを象徴するのは、楚の春申君《しゅんしんくん》の事蹟であろうか。かれは戦国時代の末期に俠客《きょうかく》の元締として活躍し、さまざまな逸話も残した、いわゆる戦国四君の一人として名高い。宰相に就任した春申君は、呉越地方の統治を委ねられ、ここが楚の新たな勢力基盤となった。春申君の封地《ほうち》だったという伝説から、上海の別称を「申《しん》」とするのは有名である。

楚は春申君のリーダーシップのもと、秦の東進に対抗しようとした。けれども政争の果てに春申君が謀殺されると、国勢はいよいよ萎靡《いび》振るわなくなり、前二二四年、秦に滅ぼされてしまう。しかし楚の春申君が経営した呉・越の地方は、その後も反秦、ひいては反中原の策源地でありつづけた。

相争った呉・越にせよ、その後を継いだ楚にせよ、江南は中原列国から「夷狄」扱いされるくせに、その争覇に深入りし、列国の上に立とうとしたあげく、最後には苦杯を嘗めるのが常だった。そうしたパターンは、呉・越・楚が滅亡し、江南が秦に併呑され、中原と一体化する段階になっても、どうやら終わらない。以後も形をかえて継起し、歴史を動かす契機をなしていった。

2　呉楚

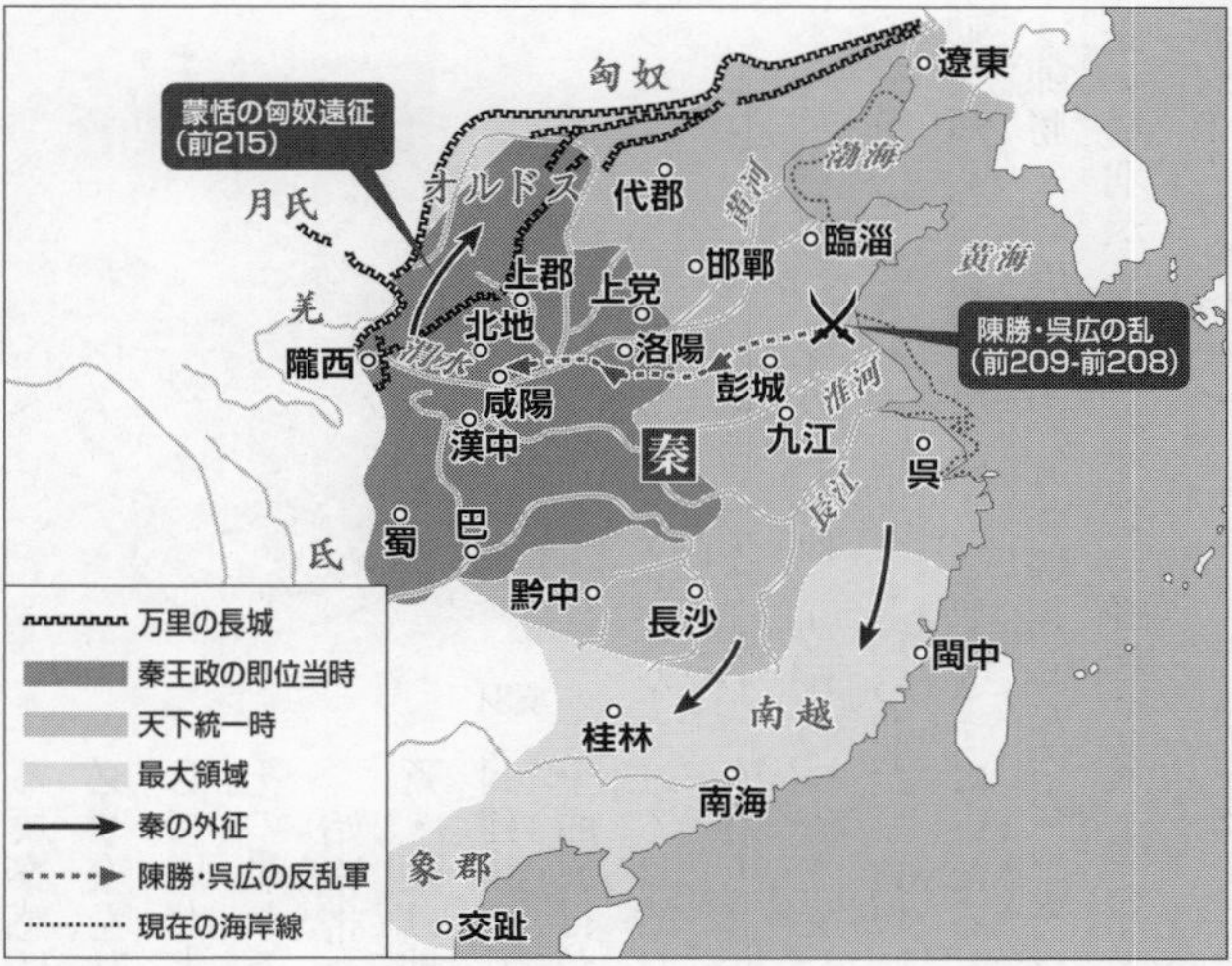

2－3　秦の統一

陳勝から項羽へ

前四世紀末期から前二世紀、戦国中期から前漢中期までの「中国」史は、西方・北方から興った新興勢力が「中原」を制して、東方ないし南方に位置した旧来の「六国」を併呑する構図で推移した。それぞれ具体的な国名をあげるなら、西北が秦・漢、東南がたとえば楚・斉とみればよい。春秋時代に「覇者」を争った南北の対抗が、やや形をかえて継続していたとみることも可能である。

つまり西北と東南は「中原」をめぐって、やはり容易に融和、一体化しなかった。それは戦国時代の「六国」が滅び、「天下統一」が成った後もかわらない。なかんづく楚は、懐王の悲劇に端を発する反秦感情が強かった。「楚はたった三戸になろうとも、必ず秦を滅ぼす」という復仇《ふっきゅう》のフレーズが人口に膾炙《かいしゃ》していたといわれ、秦の征服・抑圧を受けた勢力の象徴、その最たるものだったのである。

始皇帝《しこうてい》の「天下統一」直後、秦の首脳部では「燕・斉・楚は地遠し」という理由で、旧「六国」地域に王を封建すべしとの意見が多数を占めた。ところが郡県制の全面施行が決まったのは、宰相・李斯《りし》が強く主張したからだという。もちろん統一の実をあげる目的だった。

項羽

しかし久しく列国として分かれて存在していた各地が、すぐ画一的な一元支配になじめるものではない。そうした画一支配は、たとえば旧「六国」の住民であれば、遠く異郷の地での労役に徴発される結果をもたらした。負担にたえかねた人々は、いよいよ反秦の感情・行動を強め、暴動・反乱をひきおこすにいたる。

陳勝《ちんしょう》・呉広《ごこう》が大沢郷《だいたくきょう》で蜂起したのを口火に、彭城《ほうじょう》の景駒《けいく》、沛《はい》県の劉邦、そして会稽の項《こう》梁《りょう》・項羽《こうう》があいついで武装蜂起する。このうち項羽が最も南方、長江以南で挙兵したことに注意しておきたい。

これらに共通するのは、反秦の旗として「楚」の復興を掲げた点にある。陳勝は国号を「張楚」としたばかりか、楚の官制を採用した形跡があるし、景駒は楚の名門景氏の御曹司だった。両勢力はまもなく瓦解したけれども、項羽は楚王の末裔を探し出し、「懐王」に擁立した。秦に煮え湯を飲まされた悲劇の先代懐王の復活であり復仇である。反秦運動として、恰好《かっこう》のシンボルにほかならない。

そんな楚の再興に触発されて、ほかの旧「六国」、つまり韓《かん》・魏・趙《ちょう》・斉・燕の列国も王統を続々と復活させた。始皇帝歿後の「天下」は、「統一」が破れて、さながら戦国再生の様相を呈したのである。

構図の復活

かくして秦の「天下統一」は、わずか十年あまりで瓦解した。さらに前二〇六年、項羽・劉邦の攻撃で、秦そのものが滅亡すると、郡県制で「統一」を保った「天下」は、十八の列国が並び立つ体制に再編される。

この体制の頂点には「懐王」改め「義帝《ぎてい》」がおり、実質的なリーダーは秦を滅ぼし、「西楚覇王」を称した項羽であった。その項羽にしたがう形で列国が存在する。真っ先に「関中」を平定し、漢王に封ぜられた劉邦も、その一人であった。つまり「義帝」という名目的な天子、項羽という実際の「覇者」、そして従属する諸侯列国からなるかつての中原連合・旧体制の復活だとみればよい。

しかし「変法」以後、長きにわたって中原を制した秦の体制が、項羽の覇権で跡形もなく消滅したわけではない。楚を復興する勢力がいれば、秦の復元をはかる男もいた。漢王劉邦を支えた希代の能吏《のうり》、蕭何《しょうか》である。

蕭何はもともと沛県の属吏、郡県制の最末端で行政実務にあたっていたから、おそらくその長短を知悉《ちしつ》していた。かれが無頼漢の劉邦を擁立して挙兵したのは、ローカルレベルでその限界を読み切ったため、秦都・咸陽《かんよう》を占拠したさい、金帛《きんぱく》財宝には目もくれず、宰相府の法令・図面・戸籍などをすべて接収したのは、全体的な制度の卓抜さを評価していたためである。

巴蜀漢中から「関中」に乗りこんで本拠とした漢王劉邦の集団は、かつての秦の規模をそっくり相続して、いわゆる楚漢戦争、つまり西楚覇王の項羽を中心とする中原列国との戦争に突入していった。百年以上かかった秦の「統一」を、漢は数年の間でくりかえしたともいえる。

激闘の末、今度もやはり楚の項羽が滅び、東南敗亡の再演となった。その項羽がかつて叔父の項梁とともに崛起《くっき》し、そして戦いに敗れて、最後にめざし、断念した場所は、楚の興っ

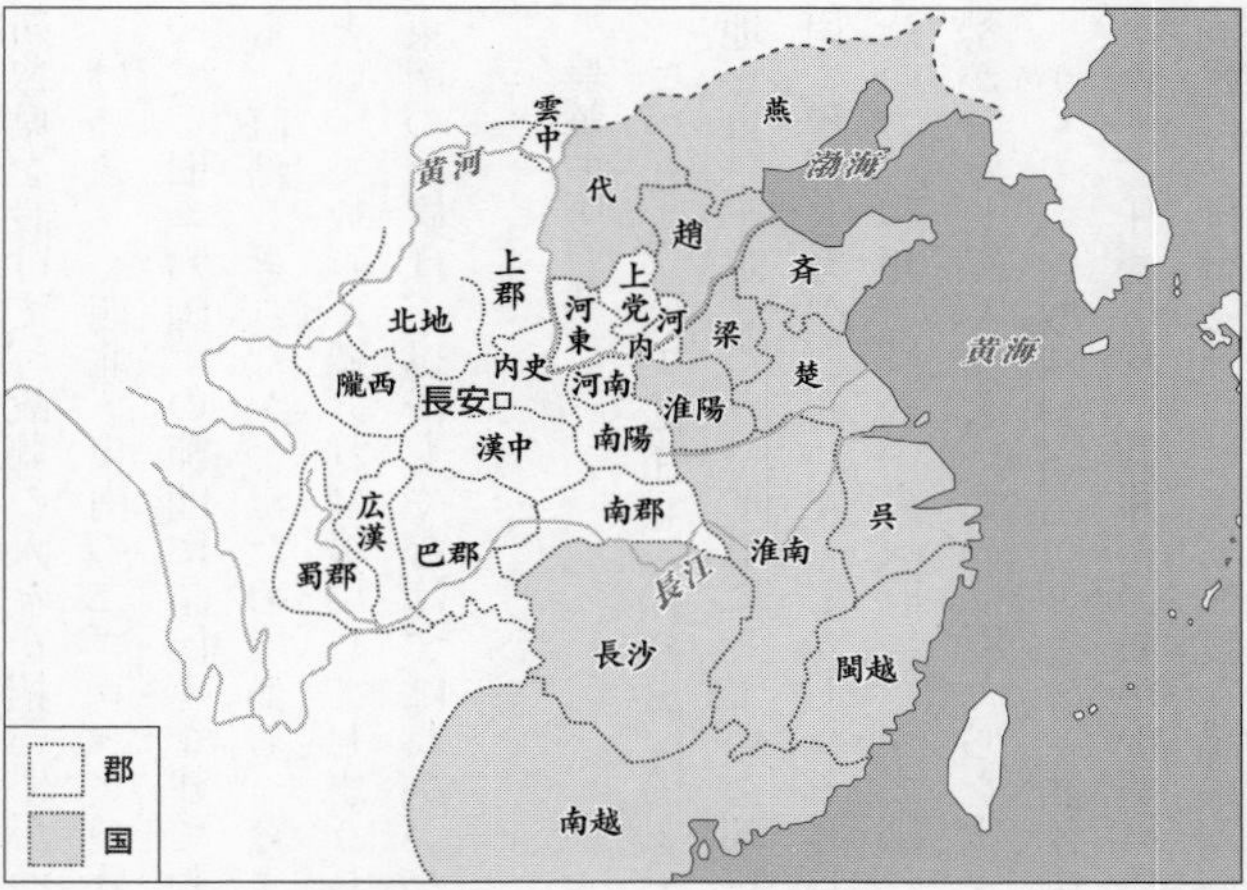

2-4　前漢の初期

た長江中流域ではない。下流域の「会稽」「江東」、つまり呉越の故地だったことにも注意しておこう。

かたや勝利した劉邦は前二〇二年、帝位に即くと、「郡国制」を採用した。「統一」全土のうち、首都長安を中心にした西半分を直轄的な郡県制、東半分を諸侯国とした折衷的な体制である。これは何より秦の失敗に懲りて、郡県制の急進的な施行についていけなかった旧「六国」の住民たちに配慮したものだった。

逆も真なり。そもそも劉邦とその集団は、旧「六国」なら楚に属する豊《ほう》県・沛県から出た人々で、「関中」に移り住んだかれらも、苦労が多かった。劉邦の父などは西方の暮らしになじめず、故郷への帰還を強く望んだため、劉邦は父を慰めるべく、首都長安の東に新豊県を設けて、故郷の人々を招いてかつての町並みを再現したという。

けっきょく西北・東南の二ブロックの分立・矛盾は、なお続行していた。漢の創業にあたって、旧「六国」の範囲に諸侯王を建てねばならなかったのは、東南を併呑、包摂しながらも、直轄しきれなかったためである。なまじいに支配を強めても抵抗を強めかねず、だからといって放置が過ぎれば離反してしまうし、そのバランスが難しい。それなら中央の警戒と東南の反撥《はんぱつ》は、以後もやむはずはなかった（2-4）。

呉楚七国の乱

このとき諸侯王に任ぜられたのは、斉王の韓信《かんしん》・淮南王の英布《えいふ》・梁《りょう》王の彭越《ほうえつ》など、その地を自ら平定したり、地盤にしていた部将たちである。もちろん論功行賞の結果であり、功臣を優遇した処置だった。しかしかれら自身が反復常なき、半ば独立した敵性分子でもあったので、劉邦と漢の中央政府にとっては、いよいよ危険な存在である。劉邦はそのため、情勢が安定してくると、この功臣たちを次々に粛清した。

かくて「お取りつぶし」となった諸侯国には、たとえば劉濞《りゅうび》が呉王、劉交《りゅうこう》が楚王、劉肥《りゅうひ》が斉王に任ぜられ、劉邦の一族が後釜にすわる。つまりリーダーを敵性の異姓から、血縁の同姓にすげ替えただけで、異質な諸侯国の存在まで否定はできなかった。

粛清された功臣の韓信は、生前に斉王から楚王に移封されたことがある。これは楚が韓信の母国であって、「楚の風俗に習う」ためであった。

このように、西北と東南との間に横たわる、いっそう根深い地域的・社会的な分立・矛盾の構図は、かわっていない。それなら、いかに血縁があっても恭順を失えば、かつての反秦・反中原の楚という構図が復活する。

むしろ中央の漢政府のほうが、それを恐れていた。創業の劉邦・呂后《りょこう》夫妻を後継した文《ぶん》帝《てい》・景帝《けいてい》の時代には、同姓の諸侯王に抑圧を加えるようになる。文帝代には済北《せいほく》王・淮南王などの分割・廃絶があり、景帝代には重臣の鼂錯《ちょうそ》が主導して、諸侯王の封地削減をくりかえした。諸侯王の反撥は次第に強まらざるをえない。

かくて前一五四年、長老の呉王劉濞を中心とする諸侯王連合による反乱、いわゆる「呉楚七国」の乱にまで発展する。呉・楚とはかつての項羽の版図であるから、このたびの反乱もけっきょく、またもや西北と東南との分立対立であって、戦国時代以来続いた秦楚・漢楚の争覇の再現だった。そしてその中心勢力が、やはり長江以南・呉だったこともみのがせない。

反乱は短期間で鎮圧され、失敗に終わる。その後も諸侯王の封建は続いたものの、王の権力は弱まり、実質的な統治は中央派遣の宰相が担ったから、各国の政治的な自律性は、ほぼ失われた。漢王朝は以後、三百年あまりの統一を保ち、「呉楚」の名称も史上から次第に稀薄となってゆく。

それでも「呉楚」、とりわけ江南・呉の異質性・自立性は、以後もどうやら根強く残存した。二世紀末に漢の統一が破れた時、それがあらためて顕在化する。いわゆる「三国志」の世界にほかならない。

3　三国

分岐と分立

漢王朝の統治は史上に卓抜していた、とは後世の称賛である。実際に四百年にもわたって同一の王朝政権が続いたことは、以後の歴史にもないし、その間おおむね平和だったのだから、そうした評価になるのも無理はない。それなら卓抜たらしめた要素とは、いったい何なのか。その要素は漢が倒れるまでの間に、どうなっていったのか。卓抜ないし拙劣を分かったものは、いったい何か。

大きく二つに分けて考えることが可能である。一つは社会構成の変化であり、いわば階層的なタテの分岐分化、いまひとつは対外関係の変化で、いわば空間的なヨコの分立割拠であった。

まずタテのほうをみよう。その顕著な現象は、豪族・名族の台頭だった。それまでの地域社会は、階級・身分に格差の少ない構成員が、自治的に営んで秩序を維持したコミュニティが一般的で、漢王朝の政権がその個別把握に成功していたことが、すぐれた統治のゆえんである。ところが、すでにキリスト紀元開始の前後あたりの時期から、地域社会は一部の有力豪族が主導するようになってきた。豪族とは漢王朝が実現した平和を享受し、在地で勢力を伸ばした血縁地縁集団の謂《いい》である。かれらは自らの私有地を拡げたばかりでなく、その地域一円に影響力を拡大しはじめ、必ずしも政権に従順ではなくなってきた。

大土地所有者でありながら、そのまま武断的自立的な領主になってしまうのではなく、地域社会の支持を集めることで名望・勢威を築いたのが、中国の豪族の特質である。そんな地盤に依拠した豪族は、やがて中央の大官に出世できた上に、高い地位を累代占めつづける名族となった。地域の輿論《よろん》が重要な役割をになうシステムであり、学界で「郷論《きょうろん》」「郷評《きょうひょう》」にもとづく「貴族制」と呼んできたものである。こうした動向は各地の開発に大きな役割を果たすと同時に、集権を志向する旧来のシステムとは矛盾をきたして、政情の不安をもたらした。

いまひとつはヨコ、つまり対外関係の変化で、内政とも無縁ではない。三世紀から六世紀にかけて、北半球の気候は寒冷化を強め、内陸アジアの乾燥寒冷な草原地帯に住む遊牧民の集団が、温暖湿潤の地域へ移住をはじめた。こうした移民が隣接する農耕世界の既成秩序を攪乱《かくらん》する現象は、ユーラシアの各地で生じている。

ローマ帝国のいわゆる「民族大移動」が最も有名ながら、そればかりではない。東西で共通してみられる歴史事象なのである。遊牧集団をふくめ、自立的な軍事勢力が各地に分立割拠する形勢は、東アジアも同じだった。

中国・中原はまさしく、その主要な舞台である。数百年間安定をみてきた秩序は紊乱《びんらん》し、治安は悪化の一途をたどった。

それがじつに「三国志」の世界の開幕と漢王朝の終焉《しゅうえん》をもたらす。騒乱の口火を切った董卓《とうたく》は、西北の遊牧集団の出自だったし、以後の曹操《そうそう》・袁紹《えんしょう》ら有力な割拠勢力も、遊牧民との関わりが深かった。その勢力を統御しえた曹操が、群雄を切り従えたのも偶然ではない。

孫呉政権の成立

群雄割拠の時代にモノをいうのは、もとより軍事的な実力である。そこで「三国志」の英雄譚が成り立ち、関羽《かんう》・張飛《ちょうひ》のような武勇伝が語り継がれてきた。

しかし腕力はしょせん刹那的、短距離ランナーである。いかに武功があっても、それだけでは確乎《かっこ》たる地歩は築けない。劉備集団が典型であって、流浪の傭兵団《ようへいだん》でしかなかった。ひとかどの勢力になるには、地域に根ざした声望と組織が欠かせない。それを供給してくれるのが在地の豪族である。儒教的素養と官界に幅広い人脈をもつ知識層が、多くの場合その代表者であった。

劉備が寄寓《きぐう》していた現在の湖北省・荊州《けいしゅう》で白面の書生・諸葛亮に「三顧の礼」を尽くしたゆえんが、そこにある。「天下三分の計」を立てた才幹はいうまでもない。さらに獲得したかったのは、かれを「臥龍《がりゅう》」と称える郷論、およびその背後に控える文人・豪族層の支持であった。そこを実現することで、劉備もようやく自立した政治勢力になれたわけである。

孫権

しかし劉備は遅きに失した。そのため荊州を固める前に喪失し、蜀の奥地にたてこもらざるをえなかったともいえる。いっそう有力な勢力は、劉備の台頭に先んじて発足、確立していた。

ほかならぬ「三国」の雄・孫権《そんけん》であり、すなわち江南の孫呉政権である。中原の覇権を握った曹操を二〇八年に赤壁《せきへき》でやぶった呉の自立は、歴史的にいえば、秦漢以来の「呉楚」の継続・再現であったし、また数百年ぶりの雪辱でもあったかもしれない。けれどもそれにとどまらず、新たな段階をも示している。

孫氏の出自は江南地方の一角、呉郡の下層豪族で、二世紀末・漢末の動乱期、孫堅《そんけん》の代に頭角をあらわした。けれども孫堅は、軍団を率いて各地を転戦するにとどまり、在地の有力豪族の支持基盤を獲られなかったから、劉備と同じように勢力を伸ばせないまま、挫折している。

しかし孫堅の事業は、息子たちが発展させた。長子の孫策《そんさく》は周瑜《しゅうゆ》・張昭《ちょうしょう》ら北来の豪族を味方につけて勢力を拡大し、その死後は、弟の孫権が継承し、陸遜《りくそん》ら江南の有力豪族や魯《ろ》粛《しゅく》ら新興の富裕層をとりこんで、安定した政権基盤を築いた。

このように北来の豪族層にくわえ、「呉郡四姓」「会稽四族」と称せられた江南の豪族群が、私兵集団を率いて孫氏を推戴《すいたい》するのが呉の体制である。そのため豪族の既得権益に配慮した制度になっていた。たとえば豪族軍団の世襲・利権を認めた世兵制《せへいせい》・奉邑制《ほうゆうせい》が著名であって、こうした方向性は以後の江南政権も承け継いだものであろう。

こうした孫呉政権の詳細は、なお不明な点も多い。けれども近年、出土遺物資料が充実しており、新たな知見も広がってきたから、精細に解明できる日も遠からず期待できるだろう。

南京政権の原型として

孫呉政権が建国にあたって本拠に構えたのが建業《けんぎょう》、いうまでもなく今の南京である。長江に臨む要害の地であり、城内はもちろん、さらに呉郡方面を結ぶ水路網を築いて、首都にふさわしい規模に整えた。以後の開発は久しくこの首都の地が中心になったので、孫呉はやはりここでも、一つの出発点となっている。

北方の曹魏《そうぎ》・西方の蜀漢《しょくかん》など、ライバルに囲まれた孫呉政権は、勢力を増強するため、未開地の開発を精力的にすすめていった。最も著名なのは、「山越《さんえつ》」と総称される先住集団との関係である。大きな摩擦をかかえ、しばしば騒乱に及んだ。

当時の技術では、長江の沖積平野・デルタの低湿地帯を耕地化することができなかったため、漢人植民者の開発は、自ずと山間部に向かう。かくて「山越」の生活圏に立ち入る結果となり、衝突が日常化するようになった。

先進的で異なる技術・制度をもった勢力が、「未開」とみて先住民の住地に立ち入るのは、やはり古今東西、歴史通有の事象である。そこで生じる事態も、おおむねお定まりのパターンで、孫呉の場合も例に漏れない。先住民を武力で制圧し、強制的に移住させるか、あるいは労働力として隷属させるか、である。対立する曹操が「山越」を支援・煽動《せんどう》し、攪乱を画策したふしもあったから、「山越」の駆逐は難航したものの、孫権は方針を徹底した。こうした先住民の従属をともなう開発事業も、以後の江南政権にいわば範を垂れたものである。

足許《あしもと》の先住民ばかりではない。孫権の視野はもっと外にまで及んでいた。現在のベトナム北部は、漢末より交趾郡《こうしぐん》の長官が支配しており、半ば自立していたところである。孫権は二二〇年、そこに呂岱《りょたい》を派遣して在地勢力を武力で制圧させた。さらに南方の扶南《ふなん》や林邑《りんゆう》にも使節を送って、両国の臣従、朝貢《ちょうこう》をとりつけている。

また北東に向けては、やはり自立していた遼東《りょうとう》半島の公孫《こうそん》氏や、朝鮮半島の高句麗《こうくり》と接触を試み、曹操の背後を脅かそうとした。江南と遼東・朝鮮とを結ぶ海上往来はつとに盛んで、孫呉と公孫氏・高句麗との関係は、その最も初期の事例といってよい。朝鮮半島の遺跡からも、そうした交易関係を裏づける出土品が出ている。

孫呉政権はこのように海上の交流をすすめるなか、「三国」随一の仏教国にもなっていった。たとえば北方からは、中央アジアの大月氏《だいげっし》に出自をもつ仏僧の支謙《しけん》が、中原の騒乱を避けて呉に移住、孫権に重用され仏典翻訳に活躍している。南では交趾の僧侶・康僧会《こうそうえ》が訪れると、孫権は建業に建初寺《けんしょじ》を建立して迎えた。こうした仏教振興も、江南政権の先駆的事業である。

中原の勢力と対峙しつつ、隣接する先住民を同化編入すると同時に、海外の諸国に朝貢を呼びかけて、自らを中心と位置づける秩序体系がこの時萌芽《ほうが》をみた。それはやがて六朝での基本パターンとなったのである。

4　六朝

流亡の東晋

「三国」を統一したのは、蜀漢を滅ぼした曹魏の後を継いだ晋《しん》王朝である。武帝・司馬炎《しばえん》が西暦二八〇年に孫呉を滅ぼして併呑し、六十年ぶりに中国全土を支配する政権を実現した。ところがそのおよそ十年後、各地に分封した宗室諸王の内紛、いわゆる「八王《はちおう》の乱」が起こり、それがさらに匈奴の反乱を招いて、王朝政権そのものが滅んでしまった。時に三一六年、永嘉《えいか》の乱という。

晋室の一人司馬睿《しばえい》はこの時、江南方面の守備に任じていたので、中原の騒乱からまぬかれた。永嘉の乱のなか愍帝《びんてい》が死去したとの報に接すると、建業の名を改めた建康《けんこう》で即位する。東晋《とうしん》の元帝《げんてい》である。

以後の中原には、さらに北の遊牧民も波状的に南下移住し、割拠勢力となって興亡をくりかえした。いわゆる「五胡十六国」である。そして居住していた漢人は、上下を問わず、混乱・戦火を避け、雪崩《なだれ》を打って南をめざし、江南は九十万人ともいわれるかつてない規模の移民を迎えることになった。いかに人口稀薄だったといえ、そこには「呉郡四姓」など、先住の有力豪族層が根を下ろしていたから、北来の移民との間で大きな緊張が生じるのは避けられない。

建康を本拠にした東晋は、あくまで亡命政権であり、その姿勢・立場をとりつづけた。「五胡」に奪われた中原の回復を国是とし、移民たちも一時避難のつもりである。政権は来たるべき失地回復、故郷帰還を期する意味で、移民たちを別の戸籍にあて、正規税役の対象からも外し、北人優位の体制を確立した。

こうした移民豪族のうち、何世代にもわたって中央の高官を占め、その家格と勢力を保った名族集団が時代の主役となる。いわゆる門閥《もんばつ》「貴族」であり、東晋の建国・中興に功績のあった琅《ろう》琊《や》の王《おう》氏・陳《ちん》郡《ぐん》の謝《しゃ》氏が当時、最上位の家格を誇る名族だった。いわゆる貴族制は江南の地において、最も発達をみたのである。

南朝へ

流亡の名族・移民が建てた東晋政権は、このように中原との関係が最も重大だったために、どこよりも首都建康の防衛に意を用いた。北方の勢力に対抗すべき軍事力を近辺に配備する。

今も昔も南京を守る要衝は、北の揚州・南の鎮江《ちんこう》であり、建康が当時の南京なら、揚州は広《こう》陵《りょう》、鎮江は京口《けいこう》と称した。広陵・京口に置かれた長江下流域方面軍の拠点を「北府《ほくふ》」という。

五世紀に入り、東晋政権の実権を握ったのが「北府」の司令官・劉裕《りゅうゆう》だった。内乱を鎮圧したばかりか、中原に割拠する胡族《こぞく》勢力を打倒し、山東半島にくわえ古都の洛陽・長安を攻略するという空前の武功を立てたからである。劉裕はその実績を背景に、東晋の恭帝《きょうてい》から禅譲を受け、宋（劉宋《りゅうそう》）を建国した。時に西暦四二〇年。この少し後には、北魏《ほくぎ》が華北の統一を果たしたことから、これ以降は南北朝時代と称せられる。

劉裕

劉裕は下級豪族の生まれで、武人として功績を積み、皇帝にまでのぼりつめた。以降の南朝各王朝では、非門閥の武人が軍功を背景に新王朝を樹立し、また下層の側近が実権を握る一方で、門閥の名族がいよいよ権威を高め、既得権の維持をはかるというパターンが顕著になる。

皇帝・側近と名族との力関係が均衡すれば、政情は安定し、平和が訪れた。五世紀前半・三十年に及ぶ宋の文《ぶん》帝《てい》の「元嘉《げんか》の治《ち》」や六世紀前半・四十年にわたる梁の武《ぶ》帝《てい》の治世は、その代表例であろう。しかしバランスを失って対立・政争を惹起《じゃっき》することも少なくなく、しばしば王朝政権の交代という事態にまで発展した。そこに中原を制した胡族政権の動向がからんでくるので、いよいよややこしくなる。

実際に南朝の政治史の展開はめまぐるしく、ひととおりの経過を頭に入れるのも、この時代を専門で勉強しない限り、およそ容易でない。筆者も同じである。興亡した王朝を西暦の世紀ごとにざっくり分けると、ひとまずの目安になろうか。

三世紀は三国志・孫呉の時代、四世紀は東晋の時代、五世紀は南朝の宋・斉、六世紀は梁・陳《ちん》の時代といえよう。七世紀以降は隋《ずい》・唐《とう》になる。三世紀から六世紀にかけて、都合六つの王朝になるので「六朝」というわけである。江南が独自のプレゼンスを示した四百年であった。

開発の進展

その間に江南地方の開発は、かつてないレベルで進展した。正統の王朝政権が都を置いたことも、中原から大量の人口が流入したことも、史上未曽有だったからである。

なかでも、呉郡・呉興郡・会稽郡の「三呉」と称した太湖周辺から杭州湾にかけての微高《びこう》地《ち》は、当時の技術で耕作に適していたこともあって、すでに先住豪族が開発を手がけていた。そのためこの地域まで移住した北来の人々は、しばしば先住豪族のもとで隷属民となり、開発の労働力を負担している。

また北来の移民には、先住豪族の土地を避け、既存の集団を維持したまま、周辺の広陵・京口、あるいは長江と淮水の間の地域に住んだ者も多い。「北府」の主要戦力を構成したのはかれらである。

低湿地を大規模に干拓する技術は、この時期にはまだ十分でなかった。開発も自ずから微高地や扇状地、山間部へ及ばざるをえない。たとえば宋の文帝は、山間部に居住する「蛮《ばん》」地へ大規模な侵入をおこなった。孫呉の「山越《さんえつ》」駆逐の後継事業ともいえ、記録に残るだけで捕縛した者は、十八万にのぼる。「蛮」の人々を戸籍に登録し、接収した土地を通常の行政区域・州県に編入した。

灌漑に用いる水路・溜池《ためいけ》や堤防は政府当局が造成を主導し、施肥《せひ》も普及して水稲の年一作方式が広まり、麦作も採り入れられる。少数派だった漢人入植者は、こうして次第にプレゼンスを大きくしていった。

以上のように、微高地を中心にすすんだ六朝時代の江南開発は、第一段階というべきであろう。次の時代には、また新たな展開があったからである。

こうした開発にともなって、大土地所有が進展した。多くの場合、田地のみならず、周辺の山林沼沢まで囲い込んだ巨大な荘園を形成している。そこからは主穀以外の魚肉・毛皮・

木材・炭などが産出し、商品化する動きもあった。勢い貨幣の流通もおこって、政府がそこに課税した記事もみられる。

こうした大土地所有に対する制限は、ほぼ有名無実といってよかった。それが名族・豪族の勢力基盤をなしている。それでも小農から大地主にいたるまで、戸籍に登録のある「編《へん》戸《こ》」の人々は、田税などの賦課対象になった。この点はいわゆる「不輸《ふゆ》の権」を保持し、政府権力から大きく離脱していた日・欧の荘園領主と必ずしも同列に論じられない。

六朝文化

そもそも多元化がすすんだのは、政治権力・地域社会にとどまらない。その担い手たちの心情や感性のよりどころとなった思想・藝術も、そうである。漢王朝で優位を築いた儒教の独尊体制は崩れていた。道教が興隆したのも、この時期にあたる。そして何より注目に値するのは、仏教の伝播・普及であろう。

仏教は東晋・南朝の時代を通じて、皇帝・名族をはじめ、幅広い階層に浸透した。五世紀のはじめ、求法《ぐほう》の旅を重ね、インドから海路で東晋に帰着した法顕《ほっけん》の事蹟は、あまりにも有名だろうし、六世紀の半ば、建康に来訪した真諦《しんだい》《パラマールタ》など、多数のインド僧が仏典翻訳に従事している。

このように海域経由の交流が続き、そのなかで王朝権力も仏教との結びつきを深めていった。六世紀・梁の武帝の治世は、唐詩の杜牧《とぼく》の作品にいう「南朝四百八十寺《なんちょうしひゃくはっしんじ》」を現出し、そのピークに位置する。もっともそれは、思想文化の埒外に及ぶ範疇を形づくったので、後述に譲りたい。

仏教のような外来思想で根づいたものばかりではない。江南の自然風土を生かした特徴ある文化も発展した。開発の進展で経済的な余剰が生まれ、「貴族制」の発達をみたのと歩調を合わせた動向だろう。注目すべきは、やはり書画詩文である。

東晋第一流の名族たる王羲之《おうぎし》・王献之《おうけんし》父子は、書道藝術の開祖でもあった。のち中国史上第一の明君として名高い唐の太宗《たいそう》が、その書を激賞したことも著名だろう。顧愷之《こがいし》は「女史《じょし》箴図《しんず》」という人物画で有名ながら、ほかにも山水画の「廬山図《ろざんず》」など多岐にわたる作品を描いた。

詩文は陶淵明《とうえんめい》・謝霊運《しゃれいうん》ら、こちらも贅言《ぜいげん》を要しない著名人だろう。東晋末から宋にかけて活躍し、江南の豊かな自然を謳った作品が多い。梁の時代になると、詩文の名品を集めたアンソロジーの昭明太子《しょうめいたいし》『文選《もんぜん》』や、文学論の草分けともいうべき劉勰《りゅうきょう》『文心雕龍《ぶんしんちょうりょう》』が編《へん》纂《さん》される。

こうした典雅な文化が日本列島で共感をえて、その古典を形づくっていった。山水に恵まれた風土が似ていたからかもしれない。「呉服」「呉音」などの術語もあるように、日本人が「呉」を「くれ」と訓じ、西方・中国の総称・代名詞として用いるのは、本場の漢字にありえない用法ながら、仏教をふくむ江南六朝文化の東漸《とうぜん》・伝播も関連したところだろう。

国際情勢

こうした文化の伝播は、おそらく孤立した動きではない。日中の政治的な交渉とも、時期的に並行していたからである。

中国の史書に日本列島が登場するのは、漢王朝の時代にまでさかのぼるものの、やや具体性を増してくるのは「三国志」の時代、有名な邪馬台国《やまたいこく》の卑弥呼《ひみこ》であり、それは朝鮮半島情勢とも関係していた。そしてその朝鮮半島方面で国家形成がはじまるのが、これ以降の時期になる。高句麗が四世紀はじめに半島北半を制圧、南半にも新羅《しらぎ》と百済《くだら》が生まれて、三国鼎《てい》立《りつ》に向かった。

この半島情勢は近隣の列島を巻き込み、中華王朝に対する爵位職号の獲得競争を生み出している。いわば外交戦というべき様相を呈したから、つとに重要な研究の対象となってきた。ここでその詳細に立ち入る暇はないので、列島・半島の諸国が南朝に朝貢・臣従を競ったことで、南朝の声威《プレステージ》が上がった点のみ指摘しておこう。日本史の側からみれば、いわゆる

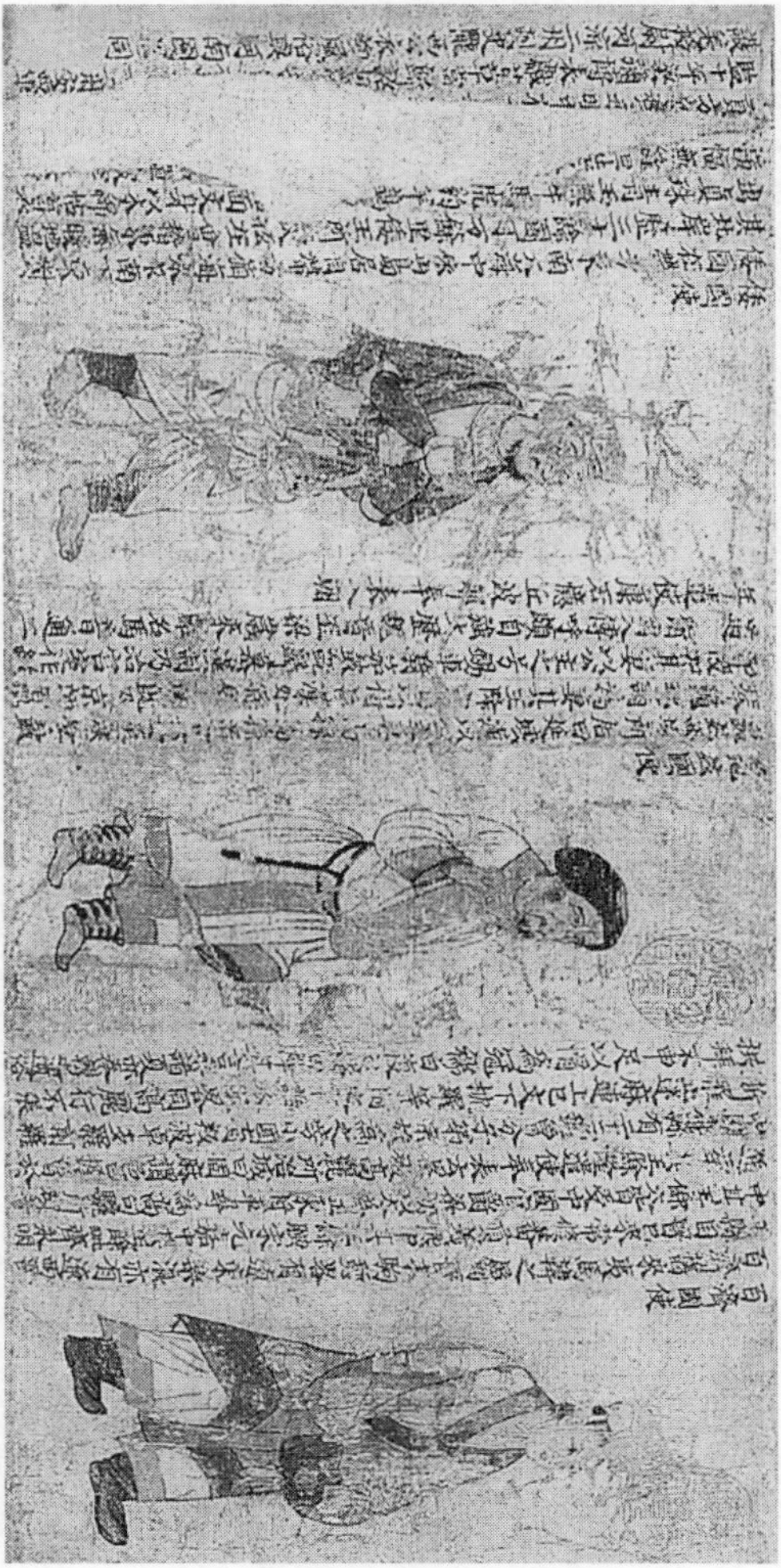

2-5　梁職貢図（部分）　左から倭、亀茲《きゅうし》、百済からの使者

「倭《わ》の五王」の時代と事蹟である。

最初は四一三年、倭王讃《さん》による遣使は、高句麗の偽使との説もあり、よくわからない。確実なのは、宋に派遣した四二一年の使節である。宋を建国した劉裕は、東晋時代の四一〇年に南燕《なんえん》を滅ぼして、山東半島を勢力下に収めており、朝鮮半島と江南は、遼東・山東の両半島を介した海上交通が開けていた。こうした高句麗・列島との通交は、二百年前に孫呉の築いたルートの再現でもある。

列島はおよそ六十年間で、十回ほど使節を派遣し、倭国王の爵号を受けつづけた。こうした爵号授与を「冊封《さくほう》」といい、周辺諸国の君主からみれば、大国のお墨付きをえたという意味合いで、内外にその勢威を誇示できる。

かたや中華の側からみれば、朝貢・冊封は周辺が天子に臣礼をとった証《あかし》であるから、正統の天子だという地位の主張に直結した。倭国のように、海域を経由して接触できる国々に朝貢をうながし、その君主を冊封してゆくのが南朝の重要な対外政策となり、資料記録にも残るわけである。

こうした主張をいっそう可視化した資料として、六世紀にできた「梁職貢図《りょうしょくこうず》」がある。歴代の中華王朝でつくられた朝貢国一覧図で、その最も古いものとして、学界でも注目を集めてきた。梁に朝貢する国々の使者・貢品を絵画に描いて、解説文を付すという構成で、高句麗・百済・斯羅（新羅）・倭など東アジアの国々にとどまらず、滑国（エフタル）・波斯（ササン朝）・天竺《てんじく》（インド）にまで及んでいる。周辺諸国が南朝皇帝を天子に推戴した証であって、世界的国際的な文脈で中華の正統をアピールするねらいをふくむものだった。

中華の正統

東晋は当初、流亡政権として中原の回復と統一王朝の再建をめざした。けれども素志《そし》かなわず、四世紀半ば以降、次第に江南に定着した現状・既成事実を認め、それにもとづく制度を作りはじめる。

社会の支配では、北来移民の戸籍の別、徴兵の別をなくして、流亡寄寓の意味合いを解消していった。土断《どだん》の法という。宋の建国者・武帝劉裕の手がけたものが有名で、もちろん大土地所有の弊を矯《た》めるねらいもあった。

首都の建康も、もはやかりそめの寄寓地ではない。建康一帯の地を「王畿《おうき》」すなわち「天下の中心」と定め、それに合わせた典礼の改革の整備をすすめた。宋の孝武帝《こうぶてい》の治世、四五九年のことである。

そしておよそ半世紀ののち、梁王朝の治下で儀礼の典籍、および宗廟《そうびょう》・社稷《しゃしょく》など関連施設を整えた。中華の伝統を正しく受け継ぐ、という正統王朝の国都を以て任じたからである。

さらに宮殿・仏寺の建設も積極的にすすめ、郊外にも名族の邸宅・別荘が並び、市域は周辺まで拡大した。人口百万を超える推計もあり、まさしく天下の中心にふさわしい威容を誇ったのである。

建康は創建した孫呉の時代はもちろん、東晋の当初でも、一地方都市でしかなかった。けれども、こうして六世紀になると、世界を代表する都市に変貌したのであり、そこに君臨したのが梁の武帝である。

梁武帝

梁の武帝、諱《いみな》は蕭衍《しょうえん》。六朝第一の名君である。南朝最長の半世紀に垂《なん》なんとする在位中、律令・官制・儀礼・音楽など多方面の制度改革、地方官に対する監察強化、減税などを実施した。軍人として皇帝に即位した人物ながら、一流の文化人でもあって、その資質ゆえに門閥の名族と下層階層の勢力を均衡させることに成功し、泰平の御代《みよ》を現出する。

かれが主宰した建康宮廷は、南朝文化史上のピークを体現した。政治的・軍事的に優位な遊牧政権の中原に対し、経済的・文化的に優越する中華の継承者としての江南というアイデンティティが、こうしてはじめてできあがる。

梁の武帝といえば「菩薩戒弟子皇帝《ぼさつかいでし》」、仏教に心酔したことで有名である。「捨身《しゃしん》」と称して、自ら出家し仏寺に入ってしまうなど、崇仏が行き過ぎて、その失政・亡国に結びついた、と後世の悪評もまぬかれない。

しかしおびただしい仏寺の建立にくわえ、朝廷の祭祀にも仏教を採り入れたことからもわかるように、その崇仏は個人的な信仰・嗜好《しこう》にとどまらず、国制・政体とも大いに関わっている。当時の東アジアには仏教が広まっており、儒教にもとづく冊封関係と合わせて、各国の通交にも大きな影響を及ぼしていた。仏教信仰の中心になることは、別の意味で天下・世界の中心となるにひとしい。「梁職貢図」の世界とあいまって、「南朝四百八十寺」の梁の武帝は、まさにそれを実践していたのである。

南朝を継いだ煬帝

しかし梁の武帝、そして南朝の栄光は、長くは続かなかった。北朝から帰服してきた有力者の侯景《こうけい》が反乱を起こし、五ヵ月に及ぶ攻城戦のすえ建康は陥落、武帝は軟禁されて、ろくに食事も与えられないまま衰弱死する。時に五四九年、さしも栄華を誇った建康も、灰燼《かいじん》焦土《しょうど》と化した。

以後六世紀の後半は、南朝衰亡の過程である。武帝に背いた侯景は、王僧辯《おうそうべん》・陳霸先《ちんはせん》率いる軍の攻撃を受けて敗亡した。勝ち残った陳霸先が五五七年に即位し、陳を建国し、なお南朝は存続する。しかし中原の北朝が軍事的に優位を占め、長江中流域には梁の後継政権も割拠していたから、陳の威令は建康を中心とする長江下流域しか及んでいない。命脈も三十余年にすぎなかった。

陳を倒したのは、北朝を継承した隋の文帝《ぶんてい》である。五八九年に建康を陥れ、およそ二百七十年ぶりに中原・江南の統合を成し遂げた。建康はふたたび徹底的に破壊されて廃墟《はいきょ》となり、以後は小規模の都市に転落してしまう。その復興ははるか後年、一〇世紀に首都とした南唐を待たなければならない。

しかし建康は零落しても、江南全体が衰亡したわけではないし、そのプレゼンスが消え失《う》せたわけでもなかった。文帝を継いだ煬帝《ようだい》は、即位以前に陳征服軍の総司令官となって建康の接収にあたり、その後も十年あまり揚州総管に任じ、旧南朝の人士と交わってきた人物である。妻の蕭《しょう》氏も梁武帝の末裔で、煬帝は彼女から学んで、こよなく江南の風土・文化を愛好した。六〇四年に即位してからは、かつての「北府」広陵あらため揚州を、開削した大運河が長江と交叉《こうさ》する拠点にする。そしてその地に行幸をくりかえし、同地に建設した江都《こうと》宮《きゅう》に入りびたった（2-6）。

煬帝は北朝出身、それなら半ば遊牧民の血も受け継いでいたはずである。北朝は南朝を「島夷《とうい》」と蔑視するのが常であった。北方の乾燥世界からみれば、水際の異様異質で劣悪な

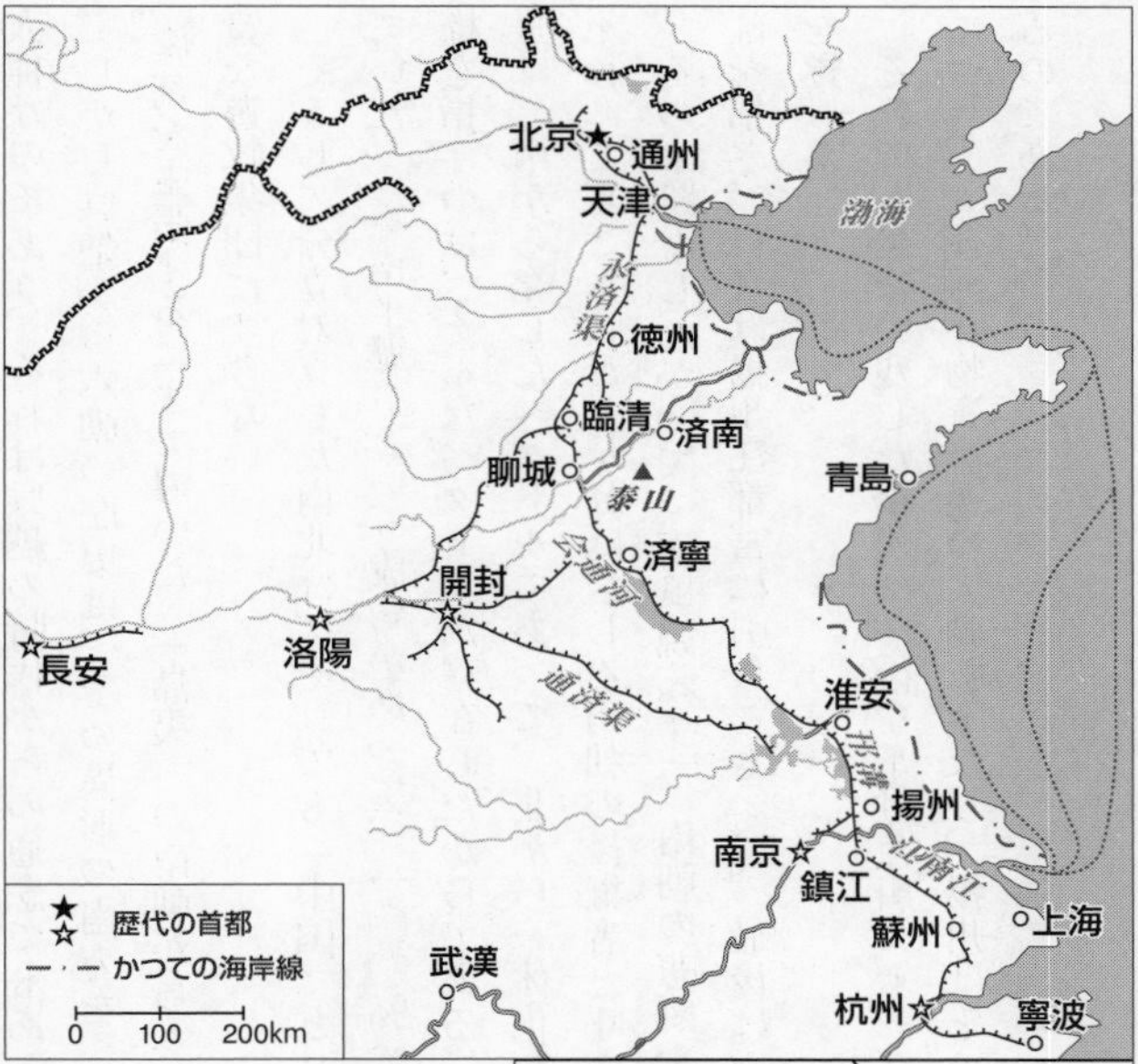
北京
通州
天津
渤海
永済渠
徳州
臨清
済南
聊城
泰山
青島
済寧
公通河
開封
洛陽
長安
通済渠
淮安
邗溝
揚州
南京
鎮江
江南河
蘇州
上海
杭州
寧波
武漢
歴代の首都
かつての海岸線
0
100
200km

従来煬帝陵と
されてきた墳墓
新発見の煬帝陵
蜀
岡
運塩河
江都県
羅城
江陽県
揚子県
揚子県城
伊婁河
長江
瓜州
白沙
潤州城
江南運河
0
10km

2－6　隋の大運河・揚州

人種なのであり、それは呉越の時代からの通念でもある。

しかし呉楚から六朝の歴史は、その異形の南方を、北方と並立対峙するばかりか、優越凌駕《りょうが》を主張するにまで導いた。「島夷」の南朝からみれば、北朝は「索虜《さくりょ》」、やはり異形異質な遊牧集団にすぎない。

そうして分立対立した南北は、それでも「中国」として一体化するベクトルを互いに有していた。「東南半壁」という成句があって、一〇〇％ではない半分の意味で南朝のような政権を指すのは、そんなベクトルが存在したからである。東晋から梁の武帝にいたる正統の主張は、南から発したベクトルであって、北から一体化を遂げたはずの隋の煬帝は、すっかりそれにとりこまれた。かれはむしろ南朝の後継者と呼んだほうがふさわしいかもしれない。

その末路もしたがって「南風競わず」、南朝の悲劇を襲ったものだった。失政のあげく大乱を招き、自身は揚州江都宮に引きこもって、最後は六一八年、側近に裏切られて非業の死を遂げる。

それでも煬帝の残した揚州は、後を承けた唐でも、江南経営の拠点となった。時代が下るにつれ、大運河が物資流通の大動脈となり、揚州はその中心として栄え、次の時代を準備するのである。

第3章　唐宋——新たな段階

1　南北分業

転換

一代の碩学《せきがく》・梁啓超《りょうけいちょう》にこんな発言がある。

長江流域に都を建てた政権は、明の太祖を除いては、およそ創業しても成功しないか、敗亡のすえ、かりそめの安逸を貪るにすぎない。外界の現象に動かされ染まってしまうのだ。

権威ある説明ということで引いてみたけれども、この程度の歴史経過なら、少し書物を読めば察しはつこう。ここまでみてきたとおり、梁の武帝・陳の後主《こうしゅ》・隋の煬帝の末路をみても、江南に本拠を置く政権は、外圧に脆《もろ》く、永続しなかった。

そこは明らかなので、もう少し梁啓超の発言を聞いてみよう。

ここに都を置くと、驕傲淫逸《きょうごういんいつ》に溺れ、気取るばかりで、本気になることが少ない。智《ち》慧者《えしゃ》は多くとも実行者は少ない。

見かけ倒し、口ばかりの虚栄体質になる、というわけである。

しかし梁啓超は同時に、「江浙《こうせつ》はもとより今世文明の中心点なり」ともいっていて、江南こそ「現代文明の中心地」だと規定しているのである。「安逸」に「智慧者」がそろっているのなら、確かに文化・文明の発展に必要な条件ではある。

呉越から呉楚の古代においては、南方は北方・中原に軍事的政治的な圧力を与えつづけ、つねにその秩序体系を脅かしてきた。しかし六朝以後、そうした形勢はしばらく途絶する。長江下流域・現在の江蘇・浙江あたりのみに限っていえば、二度とみられなくなった、と断言してさしつかえない。

その重心・特徴は政治軍事より経済文化に転じる。六朝文化が古代日本のみならず、隋の煬帝を虜《とりこ》にしたことは、すでに述べた。その事情は以後もどうやら同じである。煬帝の後継者にして批判者だった唐の太宗も、この点はかわらない。かれが書道の王羲之に傾倒したのは、有名である。

そうした一八〇度の転換が六朝の時代に起こったわけで、それは江南開発の進展と軌を一にしていた。また同時に、中原の遊牧化・軍事化・政治化の趨勢とも歩調を合わせていたのである。

かつては冠絶していた中原の農業生産は、気候の寒冷化と開発の限界によって、相対的絶対的に低下した。なればこそ一体の「中国」を経営するには、南北をつなぐ大運河が必要だったのである。やはり隋の煬帝の事業は、遊興暴政ばかりではなかった。

初唐の情勢

隋を承けた唐は、それでもなお北朝の伝統を受け、武力本位を持する政権だった。また江南に深入りした先代の煬帝を反面教師にしたせいか、以後・七世紀の唐前期には、江南へのまなざしはごく稀薄になる。およそ記録が乏しい。政治家も少なくとも初期には、江南出身の有力者はごく少数であった。

これは江南自体の社会経済的な動向が緩慢だったことも一因かもしれない。農業開発もかつてほどの伸びはないし、目立った技術革新もなかったようである。六朝を経てひとまず開発の頭打ちの段階に達していたとみてもよい。だからといって、南方の独自性が消えたわけではなかった。

旧南朝地域が制度上、唐の律令にもとづく一元的な行政体系下に組み込まれていたことはおそらくまちがいない。しかし現実として一律な統治がどこまで貫徹していたかは、また別の問題である。

北朝由来の律令制度は、一般農民に対する一律の田土《でんど》支給と税役賦課、いわゆる租調役《そちょうえき》を規定していた。けれども三百年の長きにわたり、名族の大土地所有を前提にしてきた江南社会にそのまま適用できたはずはない。

たとえば、江南に課せられた「租」は、麻布で代納し、「戸等」資産のランクに応じて納入額に差等《さとう》を設ける規定であった。「貧富に関係なく一律に粟《ぞく》二石」と定めていた「租」の本来規定からは、大きく逸脱している。また兵役のうち、江南の庶民が負担する可能性があったのは、一生にいちど就役するかどうかの地方辺境防備にあたる「防人《ぼうじん》」のみで、中央の軍役徴発義務とは無縁であった。

やはり久しく分立していた南北は、にわかに均質とはなりえなかったのであり、その差異はむしろ拡大してゆく。その方向が八世紀で明確になって、それぞれの個性特徴はいよいよ顕著になっていった。

八世紀の明暗

その八世紀、日本はちょうど奈良時代にあたる時期、中国南北の情勢はその前半と後半で、様相が一変している。そのコントラストはじつに鮮やか、前半は「盛唐」と呼ぶ玄宗の御代・「開元《かいげん》の治」と呼ばれる全盛期であり、首都長安が繁盛を極めた栄光時代でもあった。

その繁栄ぶりは詩仙・李白が「陽春歌」で詠じ、碩学・石田幹之助《いしだみきのすけ》が『長安の春』で活写したところである。これもじつに、大運河がもたらす江南の富の賜物《たまもの》であった。大運河で首都に物資を搬送することを漕運《そううん》という。

長安は官僚・軍人など、おびただしい純消費者をかかえ、地元周辺の生産だけではとても需要をまかなうことはできなかった。また西方内陸の山あいにあるから、水運にも不便で、とかく食糧・物資の欠乏に陥りやすい。そのため大運河に近い副都の洛陽に、朝廷が丸ごと引越して食にありつく、いわゆる「東都《とうと》就食《しゅうしょく》」もくりかえしている。

ところがこの時期、漕運が改善をみて、物資が長安へ円滑に入ってくるようになった。玄宗が楊貴妃とのラブロマンスに浸り、溺れることができたのも、その支えがあってこそなのである。

しかしその間にも、時代の進行はやまない。北朝から唐の政治軍事を支えてきた律令制、とりわけその根幹をなす租調役制が崩潰しはじめていた。戸籍に編成され、生産物と労働力を負担すべき農民が逃亡し、流民化したからである。

このままでは、対内的な治安維持と対外的な辺境防衛をまかなうことができない。唐はそこで、専従の軍兵を雇用する募兵制を導入し、その指揮にあたる節度使《せつどし》というポストを新設する。

辺境の防衛には、節度使を頂点とする将卒とも、非漢人の胡族が多くあたった。その典型例は、中央アジア出自の遊牧民かつ商業民だったソグドと突厥《とっくつ》の血を引く安禄山《あんろくざん》である。現在の北京を中心に、三ヵ所の節度使を兼ねて、大きな軍事力を掌握した。

その安禄山が七五五年、大乱を起こして中原を席巻し、翌年に長安に攻め入ったのが、著名な安史の乱で、中国史上屈指の大転換点をなす。玄宗が謳歌した「盛唐」・長安の繁栄は、かくて暗転した。「国破れて山河在り」、詩聖・杜甫が詠うとおりである。

唐の変貌

八年の騒乱が終わってみると、当初は辺境のみに配していた節度使が、治安維持のため、中原はじめ内地にも数多く置かれるようになった。次第に任地に根を下ろし、税収を私物化して私兵を養い、事実上の自立勢力、軍閥的な存在と化している。唐を脅かす時さえあった。唐の中央もその間、指をくわえて事態を観望していたばかりではない。とりわけ政権が自らの再生に活用したのが、大乱の戦禍が及ばず、ほぼ無傷のまま支配下にあった江南の経済である。

きっかけを作ったのは、第五琦《だいごき》が七五八年にはじめ、のちに劉晏《りゅうあん》が改良した塩の専売制だった。専売塩に間接税を課し、官用物資を大運河で送るのに要する厖大な輸送コストをその税収でまかなう方式が採用されたのである。

人は塩なしでは生きられない。その塩は海濱《かいひん》や塩湖・塩井という特殊な場所でしか採れない。日本のような島国で海岸線が長ければまだしも、内陸に厖大な人口をかかえる中国大陸では、塩は大多数の人々にとって、どうしても買わざるをえない必需の商品だった。

そこで政府は原価の三十倍を越える高率の税額を設定し、莫大《ばくだい》な税収をあげることに成功する。塩税はこのように効率的かつ安定的な収入が見込める大きな財源となり、歴代王朝を支える基幹税目へと成長していった。

また機能しなくなった租調役制にかわる税制として、七八〇年に導入されたのが両税法《りょうぜいほう》である。戸籍登録の農民に均等に課せられた租・調と異なり、両税は貧富に応じて負担に差をつけ、銅銭ないし布帛《ふはく》と穀類との二本立てで徴収された。これはむしろ南朝以来、江南で継続していた税制原理によっている。

以上の両税法・塩専売・漕運をくみあわせ、徴収から輸送を円滑にすることで、江南の産物を安定的に北送して中央政府の財源を支えた。唐はこうした財政運営で政治軍事をまかなう体制に転換したのである。

日中の碩学はこうした体制の変容を、北朝出自の唐が「南朝化」した、あるいは「武力国家」の唐が「財政国家」になった、などと表現してきた。いずれも同じ事態をいいあらわしたものであり、九世紀以降の唐の軍事政治を支えた江南の財政経済上の役割の大きさを物語る。

かつて南北は中華の正統を争って政治的に分立していた。ところが唐の変貌とともに、そのありようは、すっかりかわっている。南北は経済文化と政治軍事をそれぞれ担う分業の関係に転換して、「中国」の新しい形を模索することになった。

「江淮」の繁栄

北朝・隋唐に征服された南朝の遺産は、このように八世紀末以降ふたたび顕在化してきた。政治経済の国制のみならず、文化においても然りである。そしてその根柢《こんてい》には、目立ちにく

白居易

い社会の動きも確かにあった。

　中国ではいつの時代も、政権中央に出仕する官僚のプレステージが高い。地方に下向するのは左遷にひとしく、もちろん江南への赴任も例外ではなかった。しかしたとえ左遷ではあっても、豊かな江南の水景は、訪れた人士を少なからず魅了し、その感慨は詩文の作品として今日に伝わっている。

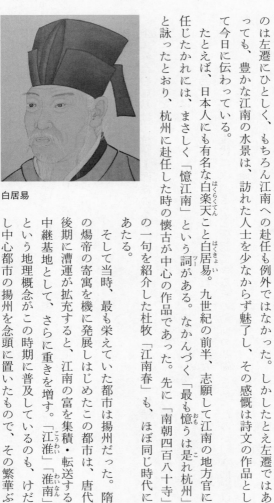

　たとえば、日本人にも有名な白楽天《はくらくてん》こと白居易《はくきょい》。九世紀の前半、志願して江南の地方官に任じたかれには、まさしく「憶江南」という詞《ツー》がある。なかんづく「最も憶《おも》うは是《こ》れ杭州」と詠ったとおり、杭州に赴任した時の懐古が中心の作品であった。先に「南朝四百八十寺」の一句を紹介した杜牧「江南春」も、ほぼ同じ時代にあたる。

　そして当時、最も栄えていた都市は揚州だった。隋の煬帝の寄寓を機に発展しはじめたこの都市は、唐代後期に漕運が拡充すると、江南の富を集積・転送する中継基地として、さらに重きを増す。「江淮《こうわい》」「淮南《わいなん》」という地理概念がこの時期に普及しているのも、けだし中心都市の揚州を念頭に置いたもので、その繁華ぶりはすでに述べたように、「揚一益二（揚州が第一の都市、成都が第二）」と人口に膾炙《かいしゃ》したほどであった。

こうした晩唐における江南の発展とは「南朝」の、揚州の繁栄とは煬帝のリバイバルだったともいえようか。しかしこうした江南の発展ぶりは、単なる復古・リバイバルにとどまらない。確かに次の新たなステージに向かっていた。

新しい開発

上にみた白居易は、杭州・西湖《せいこ》の水利にとりくんだ経験があって、「銭塘湖石記《せんとうこせきき》」という文章にその治績を記す。このように目にみえる限られた範囲でも、江南の開発に力を尽くした地方官の事例は少なくない。そこから社会の全体的な趨勢をうかがうことも可能だろう。

江南の開発はそうしたなかで、六朝時代にはまだ手のついていなかった長江デルタの低湿地にまで及んできた。後代にはっきりと確認できるその動向の基礎となったのが、八世紀以降にいっそう加速した農田開発である。

江南でそれまで開発といえば、微高地を農地にすることを意味した。六朝時代にすんだ展開である。半面、低湿地は当時の技術では、なお十分な治水・干拓を施すことができず、放置を余儀なくされていた。

ところがこの時期には、微高地への塩潮浸入を防ぐため、堤防・水路などインフラの整備が進展している。それが可能な技術水準になってきたのであり、低湿地にも開発の手が伸びはじめた。また地形や気候に応じて、早稲《わせ》と晩稲《おくて》を使い分ける技術も広がり、生産力の量的拡大はめざましい。

さらに長江以北の「淮南」でいえば、その海濱での海塩生産が大きく伸長した。これも農地開発・塩税賦課など、ほかの条件とあいまってすすんだ情勢である。そこを後背地に有する揚州がいっそう重要な位置を占めたし、塩を大きな財源とする政権にとっても欠かせない地域となった。

史書に「唐の中興は江淮の財用による」と述べるとおりなのである。それはまた「唐の中興」に限らない。一〇世紀以降の歴史の新たな展開を支えたのも、以上のような未曽有の「江淮」の開発進展であった。

2　変革

唐の解体

新しい展開をもたらした直接の転換は、九世紀の末にはじまる。いわゆる黄巣《こうそう》の乱が八七四年に山東で起こった。

黄巣は塩の密売人である。当時の塩は重税がかかっていたから、脱税のうえ闇で売れば、多額の利益があがった。もちろん当局も厳重にとりしまる。密売人は対抗し、連絡をとりあい団結し地下組織・武装結社と化したので、治安悪化・騒擾《そうじょう》内乱の温床になった。

こうした密売の横行は、政権のドル箱だった塩の専売制の鬼っ子といえる。それが結果的に「中興」した唐の命取りになるのだから、世の中やはりいいことづくめというものはない。

黄巣は南は広州《こうしゅう》から、北は洛陽・長安まで、広大な範囲に戦火を拡げ、その襲来した先々に影響を及ぼした。乱そのものは十年たってようやく収束したものの、その残存・後継の部隊が、南北各地に根を張って割拠勢力に成長する。これがすでに割拠状態にあった唐の解体をうながした。

中原に居座ったのは、反乱軍の部将朱全忠《しゅぜんちゅう》であり、黄巣から唐に寝返ってその大臣に収

3-1　五代十国　940年代

まって、ついに唐王朝の帝位を簒奪《さんだつ》する。時に九〇七年。河南とくに大運河沿いに勢力を拡大し、最も強大だった。

この朱全忠の勢力に対峙したのが、黄巣を打倒した李克用《りこくよう》の騎馬軍団である。李克用は突厥系の沙陀《さだ》族の首領で、太原《たいげん》を中心に現在の山西省を地盤とした。

このほか、はるか以前の安史の乱で唐に帰順した軍閥が、黄河以北の平原に半ば独立して割拠し、「河北三鎮《かほくさんちん》」と呼ばれた。その末裔が一〇世紀になっても、大きな勢力を有している。

「五代十国」

北方中原は主として、以上の河南・山西・河北の三勢力が北隣の強大な遊牧国家の契丹《キタイ》と対峙しつつ、血みどろの争覇をくりひろげ、政権がめまぐるしく隆替していった。五十年の間に都合おおよそ五つの「正統」王朝を数えたので、「五代《ごだい》」という。

つまり命名法は「六朝」とかわらない。この「五代」王朝の威令が「天下」全域に及ばず、南北自ずと別天地をなすにいたったのも、「六朝」時代と同じである。ただこの時期は地域が南北逆転しており、「東南半壁」だった「六朝」に対し、「五代」の政権は華北・中原でめまぐるしく興亡した。

いっそう北に位置する契丹はその間、現在の北京・大同《だいどう》一帯の、いわゆる「燕雲十六州《えんうんじゅうろくしゅう》」を譲り受けたばかりか、中原に進攻をくりかえし、「五代」王朝を亡ぼして黄河流域に支配を及ぼそうとしたこともあった。こうした新型の政権を「中央ユーラシア型国家」と呼ぶ向きもある。軍事に秀でた遊牧政治集団を中核に、商業・農業を担う経済社会をあわせ統治するシステムを備えた点で新しい。

中原はこのように戦乱が絶えなかったのに対し、同じ時期の南方は、概して平穏で安定している。ところがその南方、同じ地にあったかつての「六朝」・南朝とはちがって、むしろ割拠状態にあった。

当時・一〇世紀前半を「五代十国」、五つの正統王朝と十の列国と称し、その「十国」のほとんどが南方を占めた諸国である。長江上流域の四川にあった前蜀・後蜀はすでにみたとおり、後にみる広東や福建《ふっけん》の政権もしかり、すべての国が安泰だったといえないにしても、北の「五代」政権よりはよほど落ち着いていた。

南唐の盛衰

そのうち傑出していたのは、やはり長江下流域の国々、つまり「江南」を占めた呉・南唐と呉越である。揚州に落ちのびた黄巣の残存部隊を楊行密《ようこうみつ》という土着の軍人が打倒、掌握して樹立した政権が、呉であった。

楊行密は朱全忠の遠征軍を撃破して自立すると、江南第一の富庶を誇った「淮南」を中心として勢力を拡げた。その支配地は現在の江蘇《こうそ》・安徽《あんき》・江西《こうせい》の三省にほぼ該当し、今も中国で最も豊かな地域にほかならない。そんな現状も、唐末以来の開発を承け、いっそう発展させた、この時期にはじまる歴史過程に由来する。

それだけに呉・南唐は、中原の「五代」王朝に服しなかった。呉は建国後まもなく楊行密が逝去すると、権臣の徐温《じょおん》が二十年にわたって実権を掌握しつづけ、その死後、右腕だった養子・継嗣《けいし》の徐知誥《じょちこう》が呉の君位を簒《うば》い、「南唐」に衣替えした。徐知誥は即位にあたり、自らの本姓はかつての唐の国姓と同じ李なので、その末裔だと標榜し、李昪《りべん》と改名する。はるかに大唐帝国を後継する正統王朝を以て自ら任じたのであった。

李昇は養父の徐温が本拠にしていた金陵《きんりょう》、すなわちかつての建康をそのまま都とし、揚州と並ぶ地位にまで引き上げた。隋の文帝の破壊以後、地方の一小都市に零落していた旧都に、「六朝」以来の繁栄をもたらして、現在の南京の基礎をすえたものである。

南唐は「淮南」の塩利という経済基盤にも支えられ、強盛を誇った。李昇の後を継いだ李《り》璟《けい》、すなわち元宗《げんそう》の代には、積極的な対外政策をすすめ、隣接する湖南・福建を併合し、天下の統一を志す。

しかし「五代」王朝最後の後周《こうしゅう》に敗れて、その夢はあえなく潰《つい》えた。やはり南風は競わなかったのである。

南唐は元宗の治世で、むしろ文化国家へと変貌を遂げている。元宗自身も書や詩にすぐれた藝術肌の君主だったため、宮廷を中心に文藝が盛大に赴いた。絵画で著名な董源《とうげん》・巨然《きょねん》も南唐の出身だし、後世にはいっそう多くの文人を輩出する。

元宗の後を継いだ李煜《りいく》は、書画詩詞にすぐれ、とりわけ詞《ツー》の名手として、令名と作品が残っている。しかし李煜は後世から、「皇帝」ではなく「後主《こうしゅ》」と称せられたとおり、要は亡国の君主であった。

勢威を誇った南唐の歴史は、九七五年、後周を継いだ宋に併合されて、終焉を迎える。やはり南朝の南北分立・中華正統の争奪を再現することはかなわなかった。むしろ隋唐以後の南北分業、経済文化の主導を更新する結果になったといえよう。

呉越という新局面

現在の江蘇省を中心とする楊行密の「呉」と長江を隔てた銭塘江《せんとうこう》、つまり浙江の流域には、銭鏐《せんりゅう》という土豪が別の国を建てた。もと塩の密売人で、戦乱のなか台頭し、黄巣の残存部隊をとりこみつつ、勢力を拡大、おおむね現在の浙江省に相当する地域を平定した。三十年にわたって君臨し、平和と安定をもたらした。

銭鏐の支配した地は、ほとんど全域で、自国より強大なライバル呉・南唐と境界を接している。だから対外政策は、何より呉・南唐との関係に集中せざるをえない。勢力の均衡を維持すべく、表向き中原王朝に臣従することによって、北から呉・南唐を牽制《けんせい》し、対峙しつつ平和な関係を築いた。

このように対外関係を安定させた上で、国内では経済開発の推進にとりくんでいる。治水をすすめて農田を開発し、西湖の浚渫《しゅんせつ》も積極的にすすめた。先にふれた白居易の流れを受け、のちには宋の蘇東坡も手がけた事業である。

現在は江蘇省に属する長江河口の沖積平野・デルタ地帯も、その領域内にあった。浙江の西側に位置するので、長く「浙西《せっせい》」と呼ばれたその低湿地は、先述のとおり八世紀以降、本格的な開発がはじまっている。その動きをいっそう大規模で組織的に推し進め、以後も継続する水田開発の道筋をつけたのが、この銭鏐政権である。首都の杭州は浙西を後背地にして発展した。

浙江以東、平野の浙西とは対蹠《たいせき》的な山がちの地域を「浙東《せっとう》」という。現在こうした西と東の区分は用いないので、わかりづらいかもしれない。浙西と浙東は春秋時代の昔なら、それぞれ「呉越同舟」の呉と越にあたる。東西両方に君臨した銭鏐が九〇八年に封ぜられた王号も、「呉越」王ではあった。

さらに呉越政権はその浙東で、海港の明州《めいしゅう》を拡張整備している。これまた後世に繁栄する都市の先蹤《せんしょう》をなした。史上の明州、つまり寧波《ニンポー》といえば、それ以前も以後も、日本とつながりの深い都市である。呉越がそこを中心とする海上交易に活路を見いだしたのは、六朝のパターンを継承したものであった。

もちろん規模ははるかに拡大発展している。日本のみならず、高麗・契丹、さらには東南アジアまでネットワークを拡げ、さながら海上王国の様相を呈したといっても過言ではない。これも史上の事件でいえば、後代のいわゆる「元寇《げんこう》」「倭寇《わこう》」へのレールを敷設するものだった。

呉越はこのように目立たない経済社会の側面で、後世に大きな影響を与えた重要な存在である。それでも同時代的な軍事政治勢力としては、やはり南唐に劣っていた。その南唐が後周とその後を嗣《つ》いだ宋に屈服すると、呉越の命運も大勢には抗《あらが》えない。九七八年、宋に自ら版籍を献じて、その一部となった。以後の江南の歴史は、この呉越の遺産の上にあるといってよい。

宋の統一

乱世に終止符を打った王朝政権は、宋である。以後南・北それぞれ百五十年以上の長命王朝・安定政権だった。しかしその道筋をつけたのは、「五代」の掉尾《ちょうび》を飾る後周の世宗《せいそう》こと、柴栄《さいえい》である。かつて内藤湖南《ないとうこなん》はかれを「真の天才」と激賞し、宮崎市定は織田信長《おだのぶなが》に比定した。これだけでも、新たな時代の幕開きが察せられる。少し立ち入って、その内容をみてみたい。

柴栄にいたる中原政権が有した勢力の源泉は、「禁軍《きんぐん》」である。中原の「五代」王朝では、紆余曲折を経て、天子の親衛隊たる「禁軍」が次第に精強化する趨勢にあった。柴栄はそうした機運に乗じて、各地に割拠する節度使、ひいては「十国」の勢力を圧倒し、時代の流れを確実、不可逆にしたのである。

かれは養父にして先帝の郭威《かくい》から受け継いだ禁軍を最強の軍団に練り上げて、各地の軍閥

柴栄

勢力に勝利を重ねた。のみならず、北隣して対峙する契丹にも戦勝して、「燕雲十六州」の一部を奪還する。功業はめざましく、中国全土の統一は目前だった。

ところが在位五年にして、病に斃《たお》れる。享年三十九だった。その遺業を継いだのが、もと柴栄の部将にして禁軍の司令官だった趙匡胤《ちょうきょういん》、つまり宋の太祖《たいそ》であり、またその弟の太宗《たいそう》である。

禁軍は職業軍人だったから、その強大な兵力を維持し、戦果をあげ政情を安定させるには、将兵を養い、働かせるに足る給与を支払わねばならない。その給与は貨幣・銅銭で支給した。当時の軍団は遊牧民出身者が多く、かれらは通例、商人から物資を入手する習慣だったからであり、貨幣を手にしないと収まらない。すでにみたソグド人の安禄山などは、商人であり、かつまた軍人でもあったから、そうした行動様式を一身に体現したような存在である。

そのため中原「五代」王朝は、銅銭を必要とした。ところが唐末以来、政権は財政困難・銅銭不足で、軍隊の不興を買うことが多かったから、政情の安定にはほど遠い状態だったのである。銅銭の額面より銅地金のほうが高価であったため、銅銭を溶かして器皿や仏像を作って巨利をえる者も少なくなく、いよいよ貨幣が不足した。

だから柴栄の武功は、その財政運営に成功したことをも意味する。銅の回収につとめ、集まった銅器・銅像を銭に改鋳した。「法難《ほうなん》」といわれた著名な仏教弾圧政策も、その一環である。銅銭鋳造のため銅を大量に使う諸寺の仏像を破壊したからであり、柴栄はその因果応報で頓死した、との風聞まで流れた。志した統一の半ばで斃れ、仏敵にして天寿を全うしなかった武将という点で、いよいよ織田信長を想起させる。

ともあれ柴栄の作りあげた政治体制は、このように軍事と財政が緊密に結びつく構造だった。何より財富が必要である。中原・北方の「五代」政権のまなざしが、豊かな南方へ向くのは自然だった。

南北分業のシステム化

財政は軍隊を支える。逆もまた真なり、軍事的な成功はまた、財政の好転にも役立った。この時特筆すべきは、柴栄の南唐に対する戦勝であった。これによって、それまで均衡を保ってきた南北の勢力バランスが、たちまち北方優位に転じたばかりか、中原政権は最大産塩地の淮南地方を獲得し、長江流域の塩供給を制して、莫大な利益をあげ、いよいよ軍事的に優位に立つことができたからである。

こうして中原政府は、政治的には南方を圧倒して、統一事業をすすめると同時に、経済的にはあらためて江南に対する依存も深めていった。こうした南北関係は、唐代の後期から構築がはじまり、柴栄の政権が禁軍の強化維持とリンクさせて確立したものが一つの到達点になる。

宋の太祖・太宗兄弟が「十国」を併合して達成した天下統一とは、その延長線上に位置した。従前からの南北関係を内国化し、制度化・構造化した事業ととらえることも可能である。

さらに一一世紀・次代の真宗《しんそう》の代になると、北隣の新型政権・契丹とも、いわゆる「澶淵《せんえん》の盟」を結んで、いわば国交を開いて、平和な関係を構築した。こうして外敵の脅威も緩和され、政権も以後、安定に向かう。

もっともその安定維持には、いっそう大きな財政支出を強いられた。まず国内的には、常備軍・官僚機構の維持・整備である。職業軍人の文民統制を徹底し、科挙という試験で登用した文官が行政全般を担当する体制で、文武いずれも年を逐《お》うにつれ、数を増していった。また対外的には、契丹に毎年、銀・布帛など多額の「歳幣《さいへい》」を贈与せねばならなかったし、国境附近の防衛のため、大規模な軍隊を北辺に常駐させる必要が生じている。コストはさらに厖大な規模になった。

これをまかなったのは、農業生産に対する土地税の「両税」と、塩専売など商品流通に対する税収の「課利《かり》」を大宗とした財政体制である。

この財政体制は大運河の漕運とリンクするよう設計してあった。一一世紀に入るまでに、年間六百万石《せき》(約四十六万トン)もの穀物が、江南から大運河を経由して、北宋の首都・開封へ輸送できるようになっている。さらには課利を用いて、辺境へ軍需物資を納入すべき商人を誘致する制度も整備をみた。南方の生産が首都圏・北辺の需要を支えるシステムは、かつてなく拡充されたといってよい。

3 飛躍

開発の進展

それなら当然、前提としてその南方の生産が増大していなくてはならない。そこが飛躍したのも、この時代であった。

中華王朝が掌握する人口は、一二世紀はじめ、徽宗《きそう》皇帝のころ一億人を突破したとされる。それ以前、歴代の人口統計の推移は、前漢末期と唐中期の二回、ピークがあったものの、いずれも六千万人の規模を越えなかった。

以前の二回のピークは、数が同じ六千万人でも、もちろん内容は異なっている。漢代の場合は、中原だけでその規模をかかえることができた。気象が寒冷化のさなかだった唐では、すでに北方・中原の生産力が低減した半面、南方の扇状地・微高地に対する移民・開発がすすんで、ようやくその水準に達したものである。このたび一〇世紀以降は、そうした実績を受けた、新たな開発の過程であった。

気候が温暖化に転じて、既存の農地で生産を増したのにくわえ、それまで開発の十分及ばなかった低湿地の江南デルタで、農地化が進展した。これは九世紀・唐代の中期にはじまる江南開発の第二段階から継続する動向である。いわば二千年来、越えることのできなかった六千万人の壁を打破するにいたったのは、そうした開発の新しい局面によるところが大きい(3-2)。

それまで河口・海岸附近の低湿地で農田の開発がすすまなかったのは、塩潮《えんちょう》を防ぐのが難しかったからである。しかし土木技術の向上により、ようやく江南デルタの低湿地でも開発の努力が実を結びはじめた。堤防・水路の造成を組み合わせて、低地を干拓し塩潮を防ぎつつ淡水を供給する工程で、できあがった水田は「圩田《うでん》」「囲田《いでん》」と呼ばれる。

こうした水田化拡大のプロセスをあらわす政策として目を引くのが、王安石の新法の一つ、農田水利法の施行であった。水田・堤防・水路の補修を定めたその内容で、上に述べたような「圩田」「囲田」の造成が大幅に進展していたことがわかる。

また占城稲《チャンパーとう》の導入が拡大した。塩潮や痩土《やせつち》の土地、寒暖差・乾燥など気候の悪条件に左右されにくい、インディカ型の早稲だったため、梅雨や台風の時季を避けやすい特性も有する。耕地・品種あいまって、水稲生産の安定性はさらに高まった。

こうした動向のすえ生まれたのが「蘇湖熟《そこ》すれば天下足る」という諺《ことわざ》である。蘇州・湖《こ》州《しゅう》一帯つまり江南デルタで豊作なら、天下の食糧がまかなえる、との意味で、このように称せられるほどの水田地帯となった。一四世紀まではこの地を「稲作モノカルチャー」とみなす向きもある。

こうした変革によって、六千万の人口規模からの拡大が可能になった。つまりは南方における人口増加である。王朝政権の把握した大まかな概算数字にすぎないものの、とりわけ三世紀の気候の寒冷化以後、南方の人口は次第に増加し、八世紀半ばには、中国全体で四五％を占めた。それが温暖化を経た一一世紀後半になると、六五％に上昇し、過半数に達している。人口比が南北で逆転したのであって、中国史上、未曽有の局面の変化であった。

こうした現象はいうまでもなく、多くの人口を養える水稲栽培が江南の低湿地で普及したことによる。南方人口の実数増加・比重増大は、以後も続く趨勢であって、当時の変革を如実に象徴していたといってよい。

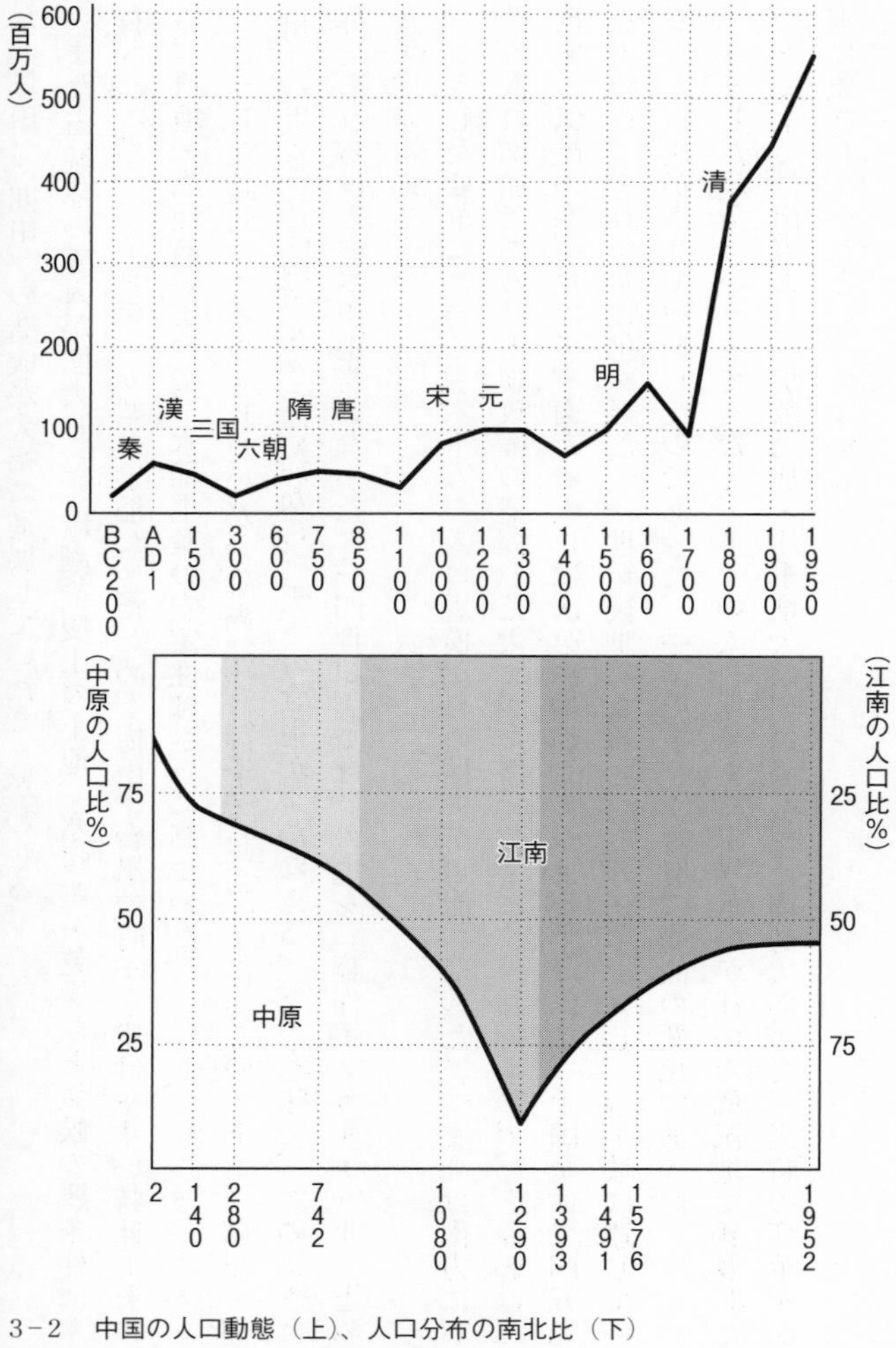

3-2　中国の人口動態（上)、人口分布の南北比（下)

流通経済の発展

生産と人口の増加とともに、あわせて勃興してくるのが商業であった。産物の余剰が生じる一方で、不足の産物に対する需要も高まると、そこで分業が発達し、互いの交換が頻度を増すからである。

当時の史料記録で最も目につくのは、やはり財政・政府が主導する商業振興であった。先述の塩専売が好例である。そうした専売など、各種官業の民間委託を足がかりに、商品の流通が大きく発展した。これはもちろん八世紀末、唐の中期から継続、発展した結果である。

それまでの財政・経済は、労役・現物の徴発と出納・自給自足を基本としていた。それが分業・運輸・貨幣を介在させるシステムに変化したのが、いわゆる唐宋変革の一面である。そこで物流も大規模になっていった。とりわけ官業の経営・官用物資のやりとりに関わって、大運河を動脈とする国内の流通が活潑《かっぱつ》となり、大運河に沿ってそうした物品・貨物・貨幣が集散する拠点となる都市が勃興してきた。商業流通は社会の都市化をうながすのである。それも唐宋変革という趨勢の一面だった。

その典型がほかならぬ首都である。大運河と黄河の結節点、物資の積み替え拠点として、九世紀を通じて台頭した汴州《べんしゅう》は、唐の滅亡後、「五代」諸王朝および北宋の首都が置かれた。

以降、汴州は開封と名を改め、今にいたっている。宋代の三百年、繁栄を誇った都市であった。

掲げた「清明上河図《せいめいじょうかず》」（3－3）といえば、南宋の画家・張擇端《ちょうたくたん》のものした画巻で、一二世紀はじめ、宋の徽宗時代における開封の春景を描いた傑作である。画中の開封城内では、さまざまな業種の商店が軒を連ね、路傍の講釈師《こうしゃくし》が聴衆を集めていて、確かに当時の賑《にぎ》わいをリアルに伝える。

そこでよく目を凝らして、そのインフラに着眼してみたい。郊外から城内に延びる大運河、その水上を往来する大船、船を通過させるため大きく上方に湾曲した橋梁がある。つまり開封は大運河あってこそ、換言すれば、江南の生産力・物量、およびその流通あってこそ、成り立ち栄えた首都であった。

江南の豊饒《ほうじょう》が首都の政治・軍事の機能を支え、また首都の需要が江南の生産と流通をうながす。開封を題材にした「清明上河図」とは、そうしたシステムを活写、絵画化した作品なのであって、首都が開封でなくなって以後も、このしくみ・構造はかわらなかった。

むしろ軍隊・政治のほうが、物資・経済に引き寄せられる形である。それは北方・中原が南方・江南に依存する、というにひとしい。唐宋変革とは前代までにすすんできた、そうした南北分業と相互依存のしくみが、ようやく発展定着したプロセスでもあった。

3-3　清明上河図

都市化

経済の活況と商業の発達は、もちろん首都だけに限らない。地方都市も然りで、その勃興をうながした。大運河沿いの都市はいわずもがな、その都市の性質・種別でも新たな局面が生まれてくる。それはとりわけ江南・南方で顕著だった。

三世紀から一〇世紀にいたる聚落形態は、城郭都市と村落の二本立てであった。前者は政治行政軍事、後者は農業生産という役割分担である。交換・流通はもちろん存在しないわけではなかったが、両者のなかに包摂されて、独自の存在を主張しなかった。

都市は内部に、市場の区域がある。日本の平城京・平安京、さらにそのモデルになった唐の長安城の復原地図でも、「東市」「西市」はおなじみだ。また農村でも日常的な交換や定期市はあっただろう。現代日本の「四日市《よっかいち》」や「八日市《ようかいち》」のような地名は、その痕跡にほかならない。

中国がそうしたありさまを顕著にかえてくるのは、やはり唐宋変革の時期にあたっている。城郭都市と村落という二本立てのほかに、市場町が独立してできるようになった。従前は城郭都市内の一区画に押し込められていた市《マーケット》、ないし産物をやりとりする農村内の定期市が、あるいは外にあふれだし、あるいは発達を遂げて、いずれも個別の聚落に成長するようになった。

それまで存在しなかった、いわば無城郭の商業都市の勃興であり、商業の発展に転じたありようをうかがうことができる。この聚落は当時のことばで「市《し》」とか「鎮《ちん》」とか称した。焼き物で有名な景徳《けいとく》「鎮」など、日本人にもおなじみの地名もある。「景徳」とは一一世紀はじめ・北宋第三代真宗皇帝の年号で、それにちなんだ命名だった。ここでは組み合わせて「市鎮《しちん》」という熟語で呼ぼう。

中国の聚落形態はここに、行政城郭都市、商業機能の市鎮、農業生産を担う村落という三本立てになった。そしてこの三者の比重と関係が以後の中国史を大きく規定することになり、江南のプレゼンスもそれに左右されたのである。

海洋とのつながり

こうした交易の増大と都市化の進展は、さらに海にも及ぶ。交易路は海の向こうへと続くからで、良港が多く海外へのアクセスが容易な江南ならではの特徴というべきものだった。市鎮の増加は江南の港市において、とりわけ顕著だった。名のある貿易都市は、従前の政治的な大都市・城郭都市が多い。けれども、そこで交易の機能をになったのは、むしろ城郭に囲まれた都市域ではなく、附属する城外の市鎮だったはずである。

北宋は唐末以降の呉越政権の遺産を受け継ぎ、海上貿易にも力を注いだ。その旧領のうち海港として、杭州・明州（寧波）がとりわけ著名である。ほかにも福建省の泉州《せんしゅう》・広東省の広州があって、いずれもみのがせない存在ながら、後述であらためてふれたい。

それは周辺諸国が勃興した時代でもある。北隣の契丹や西夏《せいか》など陸続きの新型政権のほか、この時代には海洋を通じた通交・交易がきわだってきた。日本や朝鮮半島はいわずもがな、この時期に目立ってきたのは東南アジア諸国である。

東南アジアでは唐の滅亡以後、ベトナムが自立の動きをはじめた。現代の北ベトナムは、漢王朝が交趾《こうし》郡を置いてから中国王朝の一部となり、三国の呉・孫権があらためて支配を強めたところである。しかし一〇世紀半ば、「五代十国」に代表される多元化のなかで、自立政権が興起し、李《り》朝（一〇〇九〜一二二六）がはじめて長期安定政権を成立させた。

他方、香木《こうぼく》を産する南ベトナムの「占城《チャンパー》」や、マラッカ海峡の交易で栄えるスマトラ島南東の「三仏斉《さんぶつせい》《シュリーヴィジャヤ》」、香辛料を輸出するジャワ島のクディリ朝などが宋に「朝貢」したという記録がある。さらにはイスラーム圏などから来港する商人との交易も盛んであった。そこで主導的だったのは、かねてインド洋で活躍していたアラブ・ムスリム商人である。

そのネットワークは中国大陸沿海でも、確かな存在感を獲得しつつあった。それは来たる時代に、大陸の人々自身が海外に乗り出す呼び水にもなってゆく。

第4章　枢軸——新しい関係

1　「カタイ」と「マンジ」

「澶淵体制」

「澶淵《せんえん》の盟」前後の東アジア情勢は、画期的ではあった。長城以北の遊牧勢力出自の新型政権が農耕世界と関連を深めると同時に、中華王朝と対等以上の関係をとり結んで対峙する、という形勢は、じつに一〇世紀から一三世紀まで、数百年の長きにわたって続いた。そのため、こうした事象を一種の国際関係、世界秩序の体系とみなす向きもあって、たとえば「澶淵体制」といわれたこともある。

対峙とは、言い換えれば勢力均衡にほかならない。「澶淵の盟」以後およそ二百年あまり、前半が契丹《キタイ》と北宋、後半が女真《ジュルチン》と南宋の対峙を軸とした。実際互いの君主を同じく「皇帝」と呼び合い、平和な関係を構築した。現代の国際関係にみまがうありようだともいえる。

前半と後半が分かれるのは、ツングース系の女真人が金を建国して、圧倒的な武力で契丹・北宋もろとも亡ぼしたからである。契丹は西方に遷《うつ》って中央アジアに君臨し、北宋は黄河流域を放棄して南遷、かつて併呑した旧「十国」の長江流域にたてこもって、南宋となった。

いずれも仔細にみれば、北方と南方とは、西洋近代の数ある「国民国家」「主権国家」のように同質ではないし、また両者の関係もそれを前提としていない。あくまで全体として総力が均衡した結果としての分立・対峙だったので、しばしばとても対等とはいえない関係にもなった。そうした場合、おおむね北方が優位に立っていたことは注目されてよい。

つまり南方はおよそ総合力で、なお劣っていたのである。いかに長足の進展とはいえ、後発の南方はまだまだ開発の一途であった。唐宋変革の発展を通じ、ようやく互角にまでもちこんだ、という段階だといってよいだろう。このあたり中国の正統史観・王朝交代の論理にまどわされてはならない。

北方は政治力・軍事力で優越したけれども、南方の政権を圧倒、敗滅させることはできなかった。南方はそれに対し、生産・物量で優越しはじめている。そこで「歳幣《さいへい》」「歳貢《さいこう》」という名の経済援助・物資輸送で、北方と妥協・併存にもちこんだ。北宋と契丹はたとえば「兄弟《けいてい》」、女真と南宋は「君臣」ついで「叔姪《しゅくてつ》」の関係と称している。

それなら、すでにみた北方の政治・軍事を南方の経済で支える関係・構造は、その本質をかえていない。かつて隋唐時代に大運河を通じてできあがった南北の分業は、唐宋変革を経ることで、全体として規模と内容を大いに拡充しつつ、南北の勢力対峙と役割分担にあらためて転化したのである。

クビライの統合

そのため当時から、客観的には中国は必ずしも「一つ」とは認識されなかった。それこそ唐宋変革の所産たる、北方の新型政権の興隆と南方の経済開発の伸長が、南北二重の中国を現出していたからである。

東方・漢語に縁の薄いヨーロッパ人は、かつて中原を「カタイ」、江南を「マンジ」と呼びならわした。これは「マルコ・ポーロ」の『東方見聞録《とうほうけんぶんろく》』以来、一八世紀まで続いた風習で、淵源《えんげん》はいわゆる「澶淵体制」にある。

「カタイ」はキタイ、つまり契丹が訛《なま》った称謂《しょうい》で、契丹とその後継者・女真＝金、およびその統治範囲の住民を指した。もちろん中原・黄河流域の漢人もふくむ。それに対し、「マンジ」とは「蛮子」、南宋ないしその版図、つまりは長江流域以南の全域とそこに住む人々を呼んだ名称であった。つまり「澶淵の盟」以来の南北対峙を反映した術語にほかならない。

もちろん『東方見聞録』は一三世紀以降の書物だから、命名・名称そのものは時代が下る。「カタイ」も「マンジ」も、南北対峙の埒外から興起したモンゴル帝国の呼称にほかならない。

そのうち「カタイ」の息はとても長い。その政権の実体がなくなっても、長く「亡霊」のように古地図の上に徘徊《はいかい》した痕跡を残し（4-1、4-2）、イエズス会士の探索を経た上に、現代でも中国を指すロシア語のКитай（キタイ）、英語のCathay（キャセイ）に名残をとどめる。それに対し、「マンジ」という名辞は、つとに消滅して死語と化した。

このように単なる異称の運命だけでも、南北の格差は歴然としている。ヨーロッパ人の認識と処遇もまた、当時そして以後にわたる南北の実情・形勢を示すものだった。

周知のとおり、一三世紀のはじめに建国したモンゴル帝国は、同じ世紀の半ばにはユーラシアのほぼ全域に拡大している。その過程で「カタイ」＝金もつとに征服されて、帝国の一部をなした。そこを根拠としてさらに南下し、南宋の征服にとりくんだのが、クビライである。

金と百年の併存対立を続けていた南宋は、金の滅亡後もなお四十年間にわたって、モンゴ

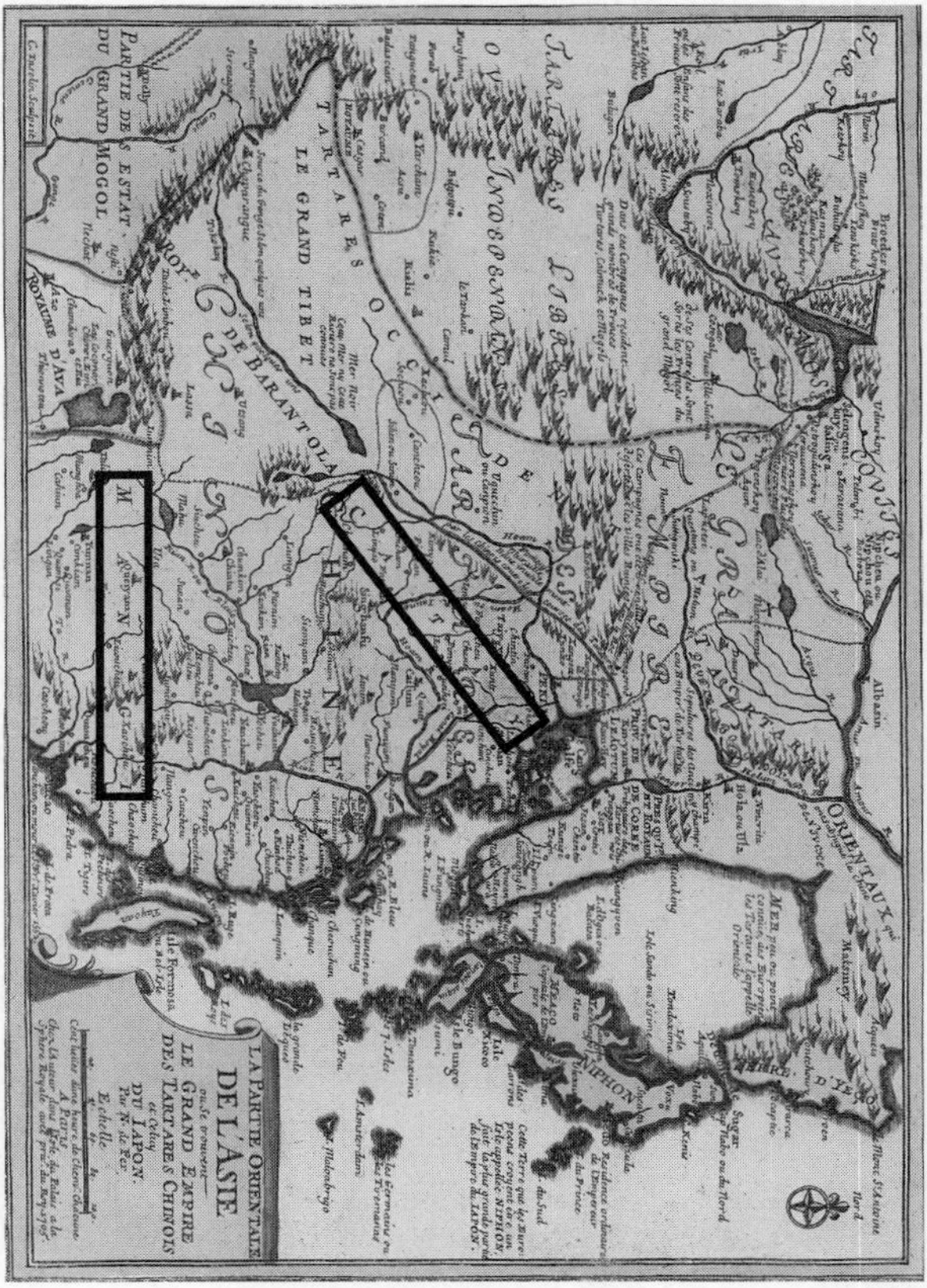

4-1　ニコラ・ド・フェール「東部アジア図」1705年

ル帝国と対峙した。遊牧騎馬軍が攻めにくい多湿な気候・複雑な地形だったのにくわえ、モンゴル側で起こった内紛もあいまって、命脈を保てていたのである。クビライの軍門に降《くだ》るのは、一二七六年のことである。

こうした経過だけでも、モンゴル政権が中国の南北をあえて区別するのは当然だった。そして異なる名称で呼んだのは、やはり南北各々の実体が異なっていたからである。呼称だけではない。南北を奄有《えんゆう》して統合し、両者に君臨したクビライは、それぞれ既存の情勢・位置づけで二分したまま、異なる統治を施した。「カタイ」「マンジ」という南北異なる名称が、西方で定着したゆえんである。

明朝の成立と南北の帰趨

「マンジ」＝江南はモンゴル帝国治下のおよそ百年間、そうした統合と二分のはざまにあった。それでも静かに着実に、自らのプレゼンスを増している。

一三六八年の明朝成立は、その一大画期を示すものだった。江南に崛起《くっき》し、南京を本拠に即位した朱元璋《しゅげんしょう》が、江南を「マンジ」と蔑視してきたモンゴル帝国を長城の北に駆逐したからである。南方から興って「天下」を統一する王朝政権が出現したのは、史上はじめてのことであった。

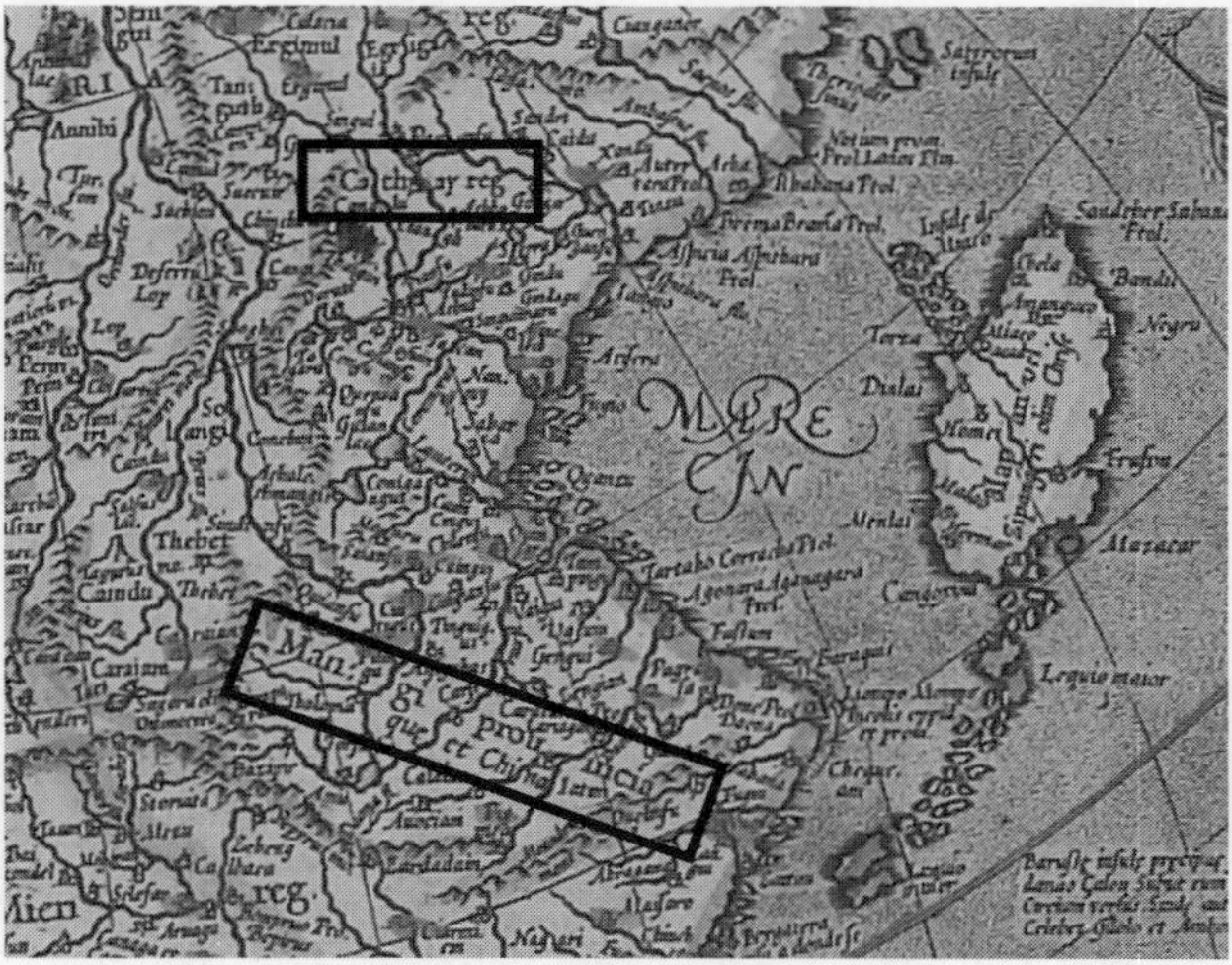

4-2　メルカトル「アジア図」 1595年

こうした朱元璋の功業は、ひとまずモンゴル支配集団の内紛に乗じた僥倖《ぎょうこう》にすぎない。明代の漢人知識人も、その実情はよくわきまえていた。「一江東の微《ちっぽけ》」なる勢力の明朝政権を培養し強大化させたのは、ほかならぬ「元《げん》」だと記した論著もある。その当初の「マンジ」・江南を過剰評価するのは、むしろ控えたほうが誤りは少ない。

しかし明朝がモンゴルを北に追い返して以後も、南北の統合は動かず、もはや以前のような二分を経験することはなかった。それを江南の力量増大によるとみて、確かにまちがいではない。しかしそれは江南に政権が所在し、その政治力が伸長したからではなかった。むしろ逆である。

　明朝が南京・江南に本拠を置いたのは、四十年足らず、実質的に明の太祖《たいそ》の一代だけだった。その朱元璋本人も江南を本拠としつづけるのには、かねて難色を示している。「マンジ」の有力者がその統治体制に従順でないためだった。朱元璋はかれらに対する迫害・虐殺をくりかえしつつ、北方への遷都も試みている。「マンジ」を本拠にしつつ、自らそれを否定する、という一種のジレンマに陥っていたといってよい。

朱元璋

　そしてそれは、歿後の一四世紀の終わりに及んで、自らの後継をめぐる骨肉の争いをもたらした。史上いわゆる靖難《せいなん》の変である。

　一三九八年に朱元璋から帝位を受け継いだ嫡孫・建文帝《けんぶんてい》の南京政府は、江南人を中心とする、いわば「マンジ」政権だった。それに対し、燕王に封ぜられ、モンゴルと対峙する前線にたった息子の永楽帝《えいらくてい》は、契丹・モンゴル帝国のかつての首都を根城にしていたから、いわば北方「カタイ」の後継者である。モンゴル帝国・クビライ、そして朱元璋が解消した南北対立の再現だった。

靖難の変は一四〇二年、北の永楽帝が勝利して、帝位・権力を奪取、紆余曲折のすえ、中央政府をモンゴル帝国の旧都・大都《だいと》＝北京に遷す結果となる。あらためて「カタイ」が「マンジ」を支配した。その北京に姿をみせたのは、モンゴル勢力の使節団ばかりではない。朝貢使節に偽装したムスリム商人もしかり、一七世紀には、ロシア皇帝《ツァーリ》の使者までいた。かれらからすれば、けだし北京は依然として「カタイ」の都であり、「カンバリク（カンの都）」＝モンゴル帝国の大都だったのである。

かくて「カタイ」・北方の政治軍事的な優位は、ついに揺るがなかった。「マンジ」・江南はふたたび政権・ヘゲモニーを失って従属し、いわば定位置にもどる。

そうはいっても、モンゴル時代のありようをそのままひきついだわけではない。「カタイ」「マンジ」の呼称・概念は、以後の東アジアはもとより、一八世紀以降の西方・ヨーロッパでも、いつしか忘れ去られた。いまや専門家でなければ、誰も知るまい。つまりモンゴル的、ないし「マルコ・ポーロ」的な南北の分立・二重の中国像は、ひとまず解消している。

そこにはもちろん相応の理由・動因、つまりは歴史過程があった。時代がかわった、と一言で言い換えてもよいだろう。それならやはり、そうした様相は具体的にみていかねばならない。

2 「マンジ」の発展

臨安・キンザイ

結論を先にいうなら、その理由とはひとえに明代の江南が遂げた発展につきる。ただ、いわゆる発展とは、明代・一五世紀以降に突如はじまった現象ではない。そこで目につくものの萌芽は、はるか以前、一三世紀の南宋あたりからつとに顕著であった。少しさかのぼってみてゆこう。

代表例はたとえば南宋の首都・臨安府《りんあんふ》だろうか。元来そして現在も、杭州という名のこの都市は当時、天子の臨時の仮住まいの「行在《あんざい》」として、「臨安」と称せられた。およそ中規模の地方都市で、西を西湖、西南を鳳凰山《ほうおうざん》、東南を銭塘江に挟まれて平地は少なく、大都市になりようのない立地である。しかし一〇世紀、呉越がここを拠点にしてから繁栄をはじめ、北宋時代には、江南で蘇州に次ぐ都市に成長した。

そして金の征服統治を嫌い、南下してきた流民を受け入れることで膨れあがり、南宋百五十年の間に、人口百万を数える世界屈指の都市に変貌する。そこはやはり首都・臨安になったことが大きい。

その繁栄ぶりを描くのは、邦訳もある呉自牧《ごじぼく》『夢粱録《むりょうろく》』などの都市繁盛記である。物資の活潑な集散・取引で賑わい、各種商店がひしめき、酒楼・妓館・演藝場など娯楽施設もおびただしいありようは、まさに唐宋変革で進展した商業化・都市化、流通経済と社会分業の縮図だった。

富民も貧民も、資本家も労働者も、官僚もアウトローも、あらゆる社会階層を含みこんだ一大空間は、同時代の西方・欧州に比肩すべきものはない。かの「マルコ・ポーロ」をして「行在《キンザイ》」の繁栄を驚歎《きょうたん》せしめた。

もっとも、かれが驚いたのは南宋の「行在」＝臨安という首都ではない。モンゴル帝国治下「マンジ」の一地方都市・杭州である。すでに政権はモンゴルが接収していたから、かつて北来の人々を吸引し、安住させた朝廷・政治力は、そこにはもはや存在していなかった。逆にいえば、政権がなく、従属した地位に置かれても、経済・文化を発展させる地力が根づきはじめた兆候を示している。以後の「マンジ」全体のありようを、そこに見いだせるといってもよい。

沿海世界

前代から続く商業・流通の発展が、こうした社会の都市化と経済の活性化をもたらした。

そこには、対外貿易の影響も大きい。

対外貿易という点では、モンゴル時代の「マルコ・ポーロ」の存在こそ象徴的である。しかしながら当の「マルコ・ポーロ」は、やはり陸路シルクロードの交通・交易だった。もはやそればかりではありえない。

とりわけ「マンジ」では海が重要だった。モンゴルにとっては、はじめ縁の薄い世界ではあったけれども、やがて「蒙古《もうこ》襲来」で「江南軍」を派遣するなど、しっかり海の「マンジ」を活用している。

「マンジ」の代表的な港町といえば、福建省泉州であった。今そこで観光地として名高い「清浄寺《せいじょうじ》」はモスク、すなわちイスラーム寺院である。北宋前期の一〇〇九年の創建以来、今日に至るまで信仰を集めつづけてきた。

中国のムスリムといってまず思い浮かぶのは、現代の新疆《しんきょう》ウイグル族や寧夏回族《ねいかかいぞく》など、西北内陸の住民かもしれない。そうした地域のイスラーム信仰は、いわゆるシルクロード・中央アジアの陸路経由でもたらされたものであり、しかもかなり時代が下っている。

仏教と同じくイスラームの伝播も、陸路の北伝と海路の南伝という二つのルートが存在した。商才に長じるムスリムは、ユーラシアの東西を結ぶ通商路を水陸双方で開拓しており、海路で東南アジアを経由する伝播も無視できない。現在ムスリム人口の最も多い国はじつにインドネシアだから、そうした様相は現代的にも想像は可能である。

もとより記録の少ない当時は、現代と同じく人口を定量化するわけにもいかず、文献の記述で存在を確認してゆくしかない。みえはじめるのはおよそ唐代からで、陸路でしばしば登場する「波斯」という字面もあり、おそらくイラン系ムスリムだろう。八世紀以降には後述170頁のとおり、アラブ・ムスリムがベトナム・広州方面で目立ちはじめる。九世紀には東アジア地元の商人も、そうした沿海の交易に参入してくるようになった。

唐宋変革を経て、船舶の性能向上や季節風利用のノウハウ確立など、技術革新もすすみ、航行の安全性も高まり、海上交易はいよいよ振興する。海底が深いシナ海の海域で航行に用いるのは、尖底《せんてい》構造のジャンクであった。大型だと乗組員は数百名、積載量は数十トンに及び、西はインド洋を越え、アフリカ東岸にまで達したものもある。折しも羅針盤や海図の利用が広まり、遠隔地交易を可能にする決済手段も普及した。

「マンジ」に位置するシナ海沿岸の港市も、こうした動向のなか発展してゆく。代表的なものとしては、首都の臨安・杭州湾口以南では明州（寧波）・双嶼《そうしょ》・温州《おんしゅう》・台州《たいしゅう》が傑出していた。

そんなムスリムたちとの取引にあたるのは、もちろん南宋内地の商人である。西方のすすんだ通商のノウハウなどを摂取しつつ、次第に存在感を高めていった。やがて華人がシナ海の主役になる準備期間だったともいえる。

海洋立国

こうした海岸港市の通商は、すでに北宋の政府が着目し、管理して収入を獲得すべく、杭州・明州に市舶司《しはくし》を設けた。中原を失った南宋になると、対外交易からあがる利益は、いっそう貴重な財源として重要になってゆく。

東南アジアや西アジアからの輸入品は、総じて奢侈品《しゃしひん》である。乳香《にゅうこう》・沈香《じんこう》・白檀《びゃくだん》などの香料は、社会の上層が珍重した品物であり、胡椒《こしょう》・ナツメグなど、薬用のみならず調理にも用途の広まった香辛料にくわえ、犀角《さいかく》・象牙・珊瑚《さんご》・瑪瑙《めのう》・玳瑁《たいまい》・琥珀《こはく》など宝飾品の原材料もあった。

その対価をなす輸出品は、絹と陶磁器が中心で、くわえて銅銭が禁制を破って流出している。絹・銭であれば正貨の持ち出しともいえるので、やはり南宋のほうが後進国だった貿易構造だとみてよい。

このうち銅銭は、鋳造発行した当の宋政府の境域・思惑を越えて、東アジア各地に流通して、一種の国際通貨の役割を果たす。たとえば、中世の日本列島でも普及しはじめ、のちには独自の銅銭を生み出すにいたった。そんな海外への影響にとどまらず、中国内でも通貨の変容をもたらし、すでに述べた四川発の紙幣制度の勃興とリンクしてくる。「マンジ」が東アジアの規模にわたって、内外の通貨を変革する主要な装置・契機をなしたといってもよい。

南北両宋にとって、海域諸国との通交は、このように経済のみならず、政治的な対外関係の上でも重要だった。各国は定期的に朝貢使節を派遣して、南宋を中心とする秩序体系を構成する存在だからである。

対峙並立していた契丹《キタイ》・金《ジュルチン》の勢威のため、高麗など北の周辺諸国は、宋と縁遠くなっていた。そのため宋は、むしろ海域を足がかりに、諸国ととり結んだ通商・朝貢の関係に活路を見いだし、北隣の強国に対抗しようとしたのである。

また従前よりいっそう強い軍事的圧迫を受けた南宋は、水軍の強化に力を注いだ。長江の中流・河口に大きな兵力を配置し、国防の基軸を水軍にすえている。一一六一年に南下攻撃してきた海陵王《かいりょうおう》ひきいる金軍をやぶるなど、しばしば戦況を優位に導いた。

南宋は以上のように、自意識がどこまであったかはともかく、経済・通交・軍事いずれをとっても、事実上の海洋立国を志向していたといってよい。したがってその末路も、海が深く関わっている。

モンゴル軍が一二七六年、臨安に入ると、降服を屑《いさぎよ》しとしない勢力は、なお宋帝を擁立して南に逃れた。流浪のすえ、広州に近い崖山《がいざん》で終焉を迎える。

日本と寧波

「マンジ」の沿海はそのまま東へ延びたすえ、日本列島に達する。九世紀、遣唐使の「廃止」と入れ替わるように、数多くの仏僧が半ば公的な役割を担いつつ渡宋し、さらには海商を主役とする民間交流が密になって、平安中後期の唐物《からもの》ブームをもたらした。日宋貿易を推進した平清盛《たいらのきよもり》の全盛時代は、一二世紀の後半にあたるから、ちょうど南宋＝「マンジ」政権の安定したころである。

かつて遣唐使を受け入れていた唐代、日本に対する窓口は、長江と大運河の交叉する揚州だった。ところが「五代十国」の呉越以降は明州、つまり現在の寧波にその窓口がかわり、宋代には市舶司《しはくし》を設けて、日本との交易を管理した。

寧波は甬江《ようこう》を河口からさかのぼって市域に入るまでの水底が深く、大型船舶も停泊できる良港である。しかも開発のすすんだ沖積平野にも、首都の臨安にも近い。豊かな後背地を有した商業都市になったため、西はイスラーム圏から東は日本列島まで、さまざまな船舶が集まってきた。自身が政治的・経済的な中心都市になることはなかったけれども、以後の歴史叙述に欠かせない存在感を示している。

そんな寧波にまず深く関わったのが日本だった。もちろん日宋を比べると、宋が経済的に圧倒的な先進国である。日本に銅銭や陶磁器・絹織物・書籍などを輸出したのに対し、日本は硫黄や木材など一次産品を輸出した。

一二世紀はじめ、女真が勃興して北宋が滅亡し、南宋が成立するまでの混乱期は、さすがに日本僧の渡航も減少するなど、往来は衰微したようである。しかしやがて情勢が安定すると、平氏が積極的に貿易をすすめたことからもわかるとおり、日宋の関係はあらためて深まった。

仏僧の入宋《にっそう》も一二世紀半ば以降、いよいよ顕著となり、重源《ちょうげん》や栄西《えいさい》らが大陸に渡っている。とりわけ栄西が宋で学び、日本にもたらした禅宗は、その後の仏教のみならず、政治にも多大な影響を与えた。

一二世紀末から一三世紀の鎌倉時代にも、商人と仏僧の往来は継続している。幕府が禅宗を重視したのは周知のとおりで、蘭渓道隆《らんけいどうりゅう》や無学祖元《むがくそげん》ら、著名な禅僧を宋から招聘《しょうへい》した。「蒙古襲来」が起こっても、モンゴル帝国が南宋をあわせても、こうした情況は一貫している。日本を武力攻撃した「カタイ」と対日交流を続けた「マンジ」とは、やはり一体ではなかったのである。

3 「マンジ」の変貌

穀倉

モンゴル帝国治下、ほんとうの「マンジ」も、以上のような南宋時代の基本的な構図・条件をそのまま受け継いだ。「マルコ・ポーロ」が感歎した杭州＝「行在《キンザイ》」のかわらぬ繁栄から、それがみてとれる。

豊かな生産力と都市文化の発展、流通経済の発達・海洋とのつながりは、「マンジ」自体を発展させたばかりでなく、東アジアの大元ウルス、ひいてはモンゴル帝国全体をも支えていた。ユーラシアを貫通する交通網の整備、紙幣の流通や遠隔地間の取引など、商業金融を発達させた大元ウルスの先進的な経済運営も、「マンジ」の富なかりせば、ほとんどありえなかったものである。

その富は何より農業生産の増大を基礎としていた。つとに「蘇湖熟すれば天下足る」と称せられた穀倉地帯は、南宋以降もひきつづいて、いっそう開発が進展する。

北宋滅亡の混乱で北から押し寄せた移民は、数百万人の規模にのぼった。南宋時代を通じて定着したかれらが、沖積平野の開発や未開地の拓殖に潤沢な労働力を供給し、微高地には溜池による灌漑を、低湿地には堤防による干拓を施すことで、水田の造成があいついでいる。

こうした土地開発のみならず、実地の栽培技術でも、長足の進歩をみた。すでに伝来普及していた占城稲《チャンパー》など安価な早稲品種が、需要に応じて人口の増加を支えた一方で、質のよい晩稲品種は、高値をつけ取引の盛んな商品となっている。作物のほかにも、施肥の導入にくわえ、小型軽量の農具も広まった。

このような技術の普及で、規模の小さい耕地でも、耕作民の生計・経営が成り立つようになる。いわゆる「小農」であり、こうした江南稲作農業の発展、なかんづくその生産性向上にともなう経営様式の定着は、東アジアの社会を考える上でも、看過できない動きだった。

南宋時代から継続してきたこのような局面は、しかしながら一四世紀を境に一変した。いうまでもなくモンゴル支配の崩潰である。

それは単なる政権の倒壊・交代ではない。気候の寒冷化・感染症の蔓延《まんえん》、交通の途絶・流通の衰退など、世界史的にみても「危機」と呼ばれる事象であって、南方にとっても希有の激動だった。政治軍事面でも社会経済的にも、そうである。

工業化

まず政治的には、上で述べたとおり、一四世紀半ば以降の騒乱だった。モンゴル帝国末期の群雄割拠にはじまり、明朝の勃興から靖難の変にいたる過程である。南北の政権が攻防・興亡に忙しかった。

一五世紀に入って、永楽帝の帝位簒奪・江南制圧の結果、ようやく軍事的、政治的な情勢が落ち着き、権力の帰趨がはっきりしてくる。北方政権の体制・制度がいよいよ江南民間の経済・社会にいかに作用したか、みきわめる段階にいたった。

そこであらかじめ、その条件をみておかなくてはならない。東アジアで最も高い米穀の生産力を有し、穀倉をなしていた江南デルタは、北方の物資需要が高まるなか、じつにほぼ時を同じくして、大きく変貌をはじめた。地理環境、とりわけ水利条件がかわってきたからである。

それまで太湖から東に流出し、その溢《あふ》れる水を排泄《はいせつ》していた呉淞江《ごしょうこう》が涸浅《こせん》し、その役割を南方に流れる黄浦江《こうほこう》に譲った。そのため従前、九割を水田にあてていた「稲作モノカルチャー」地帯は、水不足に陥って作付《さくつけ》を転換せざるをえなくなる。もちろん主穀の収穫・生産は減少した。「蘇湖熟すれば天下足る」と形容すべき穀倉の地位を、そのフレーズもろとも失ってゆく。

デルタの中央部では米と冬作物、太湖の南では米と桑、辺縁では木綿・麦・麻を栽培した。米穀以外でとりわけ著名なのが、インド伝来の木綿栽培に特化した松江府《しょうこうふ》一帯、養蚕が盛んとなった湖州府附近である。

江南デルタはこうして一五世紀以降、穀倉という地位を失った。それは同時に「稲作モノカルチャー」の境遇から脱して、産業を多様化させたことも意味する。それぞれの生産性をあげるには、金肥《きんぴ》の購入・畜力の貸借など、一定の土地に対し、より多くの資本と労働力の投入を必要とした。各々の生産にあたって、商業化・集約化がいよいよ加速していったのである。

農産物ばかりにとどまらない。やがて農民の副業で収穫する蚕繭《さんけん》・木綿を用いた製糸・紡績が盛んになる。ひいては、そこでできた生糸・綿糸を用いた織布はもとより、その布地に染色・つや出しを施すなどの工程も加わって、いっそう専業的で高度な産業化の局面になってきた。一六世紀の末には、都市ごとに数千人規模の専業労働者がいた、という記録もある。

つまり繊維工業の勃興であって、手工業ではあれ工業化にはちがいない。当時は江南デルタが世界に冠たる厖大な生産力を誇った。

「湖広熟すれば天下足る」

こうした変容は単に江南デルタのみにとどまる問題ではない。それまでの穀倉だった地域の産業構造・社会構成が一変したことで、中国全域、いな東アジア全体に巨大な変化をもたらす。

まずは工業化した江南デルタ自体で、いよいよ労働力人口の増大が避けられなくなった。主穀の産出を減らして、相対的にも絶対的にも人口が過剰となったデルタ地帯は、もはや穀倉どころではない。不足しがちな食糧を外から供給する必要も出てきた。もちろん中国全域も同じであって、新たな穀倉が必要である。

こうした輿望《よぼう》にこたえて登場したのが、長江中流域の未開地、とりわけ現代の湖北省・湖南省である。当時の両省はまだ南北に分かれず、合わせて「湖広《ここう》」省と称していた。そこで明代にいわれたのは「湖広熟すれば天下足る」、文字どおりには、湖北・湖南で豊作なら、みなの食糧がまかなえる、との意味である。

一六世紀には使われていた成句なので、そう表現すべき実態は、それ以前から成立していたとみてよい。それなら湖広の開発がすすんだのは、やはり江南デルタの工業化と時期的に並行している。

長江下流域は湖広と関係が深い。実際に毎年およそ百万石の湖広米の供給を受けた。この米穀の見返りに、絹・木綿を主とする江南産の商品を運搬販売する。江南から大運河を通じて、穀物・商品・税収を首都・北方へ移送する漕運も、湖広からする食糧面でのバックアップで円滑にすすんだ。

そうだとすれば、「湖広熟すれば天下足る」とは、単に文字どおり、湖北・湖南が米作の盛んな穀倉地帯である、とみなすだけでは十分でない。その客観的歴史的な含意は、江南・北方など、他地域との分業的な経済構造と相互依存の関係にまで言い及んでいるからである。そうした点、主穀の生産増加・政府の需給動向を意味しただけの「蘇湖熟すれば天下足る」とは、やはり時代ないし次元が異なっていた。このフレーズは「湖広」のみならず、一五世紀以降の江南・中国全土にわたる諸々の経済動向を、集約的に表現したものだったのである。

分業と東西

かくて一六世紀には、江南デルタの工業化が駆動力となって、地方間の分業と相互依存が進展し深化した。物資がおびただしく移動し、もちろん人の移動も盛んになり、交通・交易が頻繁の度を高めてゆく。関連した動向は中国内・大陸の範囲のみにとどまらなかった。湖広を穀倉にしたてあげた開発の波は、やがて東に向かい、一衣帯水《いちいたいすい》、東シナ海を隔てた日本列島に及んでいる。同じ時期は湖広と似た風土の列島でも、戦国から江戸初期まで続く「大開発の時代」であった。河川域の水田化が進展し、耕地も人口も倍増し、日本史でいう「近世」の様相を深めてゆく。

もっとも、日本列島の沖積平野の農地を中心とする「大開発」が、どこまで直接に大陸の動きと関わっていたかは確認しづらい。双方は人も土地も、大洋を隔てて分かれていたからである。

それでも未開の列島と大陸とのつながりは、決して無視できるものではない。江南の工業化と地域間分業の深化は、商業化の拡大をもたらし、マネー需要を高めて、なお手つかずの鉱脈をかかえていた列島の金銀を掘り起こし吸収したからである。

金銀がひとりでに動くわけはない。動かすヒト、取引するモノをも巻き込んで移動してゆく。技術の移転もそこに附随して、列島の「大開発」をもたらしたとしても、何ら不思議ではない。同時に明朝政府の禁令と衝突して、やがては「倭寇《わこう》」という騒擾《そうじょう》をもひきおこす。かくて大陸の地域間分業は、日本列島にまで及んだとみることもできるわけで、東で起こったことなら、西でも起こらないはずはない。

江南の産品に対する需要は、西方も勝るとも劣らず旺盛である。その代価として、「新大陸」アメリカを領有するヨーロッパは、その鉱脈から銀を採掘して、東方へ流し込みつづけた。

その銀ははるかに大西洋・インド洋、あるいは太平洋を経て、シナ海沿岸にたどりつく。そんな銀とともに商人はもとより、宣教師もやってきた。いわゆる大航海時代とのシンクロ現象であって、長江流域の変貌はグローバルに広がった一大転換にほかならない。

そこで注意したいのは、「湖広熟すれば天下足る」の動向・趨勢を、西欧近代の国民経済・国内市場の形成と同列にみなしてしまうことだろう。やや譬喩《ひゆ》的に用いた工業化・商業化という概念表現にひきずられて、軽々に同一視しては、とんでもない誤解に陥りかねない。じつにここから国民経済にならなかった史実経過が、西洋史・世界史と対比しての中国史上の重大な問題なのであり、変貌した江南デルタの歴史的な位置づけも、やはりそこに存する。

フロンティアとしての江南

江南デルタはこのように、東アジア全域にわたる経済的なエンジンの役割を果たし、中核の位置を占めつつあった。江南がこのような地位を獲得したのは、じつに史上空前のことである。少し時期をさかのぼって、その位置づけを確認しておきたい。

紀元前からたどってきたように、そもそも江南とは、春秋時代の呉・越・楚にはじまって一貫して「夷《えびす》」の位置づけであって、世界史上の「文明」としても、はるかに後進的だった。それに対する華北・北方は、古来「中原」である。政治的な「中華」「夷狄」という優劣上下の構図は、そのまま経済文化にもあてはまっていた。

やがて三世紀・六朝以後、南北の分立が続いて、南方に流寓《りゅうぐう》した王朝政権は権力・文化の系譜で、「正統」「東南半壁」をとなえる。それでも現実には、ようやく第一次開発の段階がはじまった未開地であって、社会・民間・経済の実質で中核を占めることはかなわなかった。さらに時を経て、いかに開発の段階がすすんでも、事態のありようはさしてかわらない。あくまで辺境としての経済発展である。

南方が分立をはじめた「三国志」の時代から千年、モンゴル・クビライの南宋併呑・「天下混一《てんかこんいつ》」は、そうした江南の辺境性をあらためて確認する事態でもあった。「蛮子《マンジ》」と称せられた地位・立場は、あからさまな劣位である。南方が政権・文化的な「正統」性も失って、名実ともに蛮地にもどった。

かたや大都のモンゴル政権も、現実の立場として江南から必要としたのは、食糧と財富のみである。それさえ吸い上げれば事足りたので、権力中枢に江南人の存在を必要としていなかった。

支配集団側からすれば、南宋で発達した漢語文明・儒教文化は、しょせん権力が身にまとうべき虚飾、ないし統治のツールの一つにすぎない。少なくともリスペクトの対象ではなかった。

モンゴル政権はしたがって漢人社会の統治にあたり、たとえば科挙を容赦なく廃止している。科挙は宋代に定着した官吏登用試験で、古典詩文の能力を問うものだった。この試験に合格しなくては、知識人エリートたる士大夫《したいふ》にはなれない。つまり少なく数えても一一世紀以降、南北両宋の数百年間、漢人知識人が競って磨きぬいてきた儒教文化の精粋ではあった。それでもモンゴルからみれば、儒教にさしたる価値がない以上、科挙の学も役に立たないと判断するのは当然である。

一四世紀のはじめにようやく科挙が再開となり、とりわけ「マンジ」の知識人が熱烈歓迎に沸いた。とはいえ、その科挙に合格しても、立身出世が約束されるわけではない。科挙に臨んだ受験者・合格者の側でも、そのうち先がみえてくる。それならモンゴル支配集団と私的な縁故関係を結んで、直接に地位を引き上げてもらうほうが、はるかに捷径《しょうけい》だった。「胡俗《こぞく》」に倣い姓名・風体を改めて、モンゴル人になりすました人々が多かったのも、そうした事情が作用していた。いわゆる「ダルガチ」にまで昇任した者さえいる。その本来の職務はモンゴル支配層として、漢人官僚の上に立ち監視するにあって、江南人の就くべき地位ではありえない。

厳しい生存

逆にいえば、空前の「大一統」を実現したモンゴル政権にしても、「蛮子《マンジ》」の辺境人を体制に組み込んで、江南というフロンティアに緊密な実効支配を及ぼすことはできなかったし、どうやらそうする気もなかった。漢人知識人の「胡俗」化という現象も、その必然的な結末・象徴的な事例だったともいえるし、江南人のそうした行動様式が、次代の経済発展と社会変動の前提条件ともなる。

江南《マンジ》はモンゴル時代まで、しょせん縁辺のフロンティアにすぎなかった。それは政治からみるなら、権力支配の疎隔・脆弱である。そして経済的にそれと表裏一体の事態は、民間社会の放置・困窮にほかならない。

中国本土《チャイナ・プロパー》の経済地理は、南方＝富庶・豊饒というイメージを前提にして考えがちである。それは確かに、東アジア全域にわたる相対性ではいえることかもしれない。しかしそうした言説が当時から流布してきたとすれば、多分にイメージ先行であって、北方からみた誇張、南方の虚勢の可能性もある。イメージどおりの「富庶」は、この時期以降の南方のなかでも、ごく限られた空間・階層にしかあてはまらない。

長江以南は山地が多いため、狭隘《きょうあい》な平地に多くの人々がひしめきあって暮らさざるをえず、人口密度の高い社会が広がっていた。個別具体的な事象をみれば、ほとんどの場合、人がおびただしいので、一人あたりの土地も狭い。したがって貧困が普通だった。江南デルタは広大な平野でありながら、やはりその典型をなす。一六世紀は「湖広熟すれば天下足る」をすでに経過したはずではありながら、その時期でさえ、「中原の一省」に及ばないといわれた。モンゴル時代以前なら、なおさらそうであろう。

かくも生存条件が厳しい。それだけに意欲・エネルギーもまた並々ではなかった。生きるためなら、いつでも、どこへでも行き、何でもやる。これはポジティヴな面で、あらゆるチャンスを逃さず生かそうする機略敏活を産んだ。他方で同じことをネガティヴにいえば、成功のためなら他人を顧みず、場所・時宜・手段を選ばない利己主義がはびこる。

権力・北方との関係

そうした志向・風習が社会的に普及定着すれば、必然的に治安はおさまらない。政治軍事の局面に結びつけば、容易に騒擾を生じる。実際「一四世紀の危機」・モンゴル帝国の崩潰にさいしては、大乱を招致した。

そこに厳格な規律・支配をほどこし、秩序を打ち立てようとしたのが、一四世紀の後半に明朝を建国し、南京に都を置いた朱元璋、明の太祖である。かれは上で述べたように、蘇州を中心とする穀倉の江南デルタを征服し、苛烈《かれつ》なリゴリズムに徹して、農民を土地に縛りつけ、横暴な地主を弾圧し、専横な大臣・高官を粛清した。

次代もかわらない。息子の永楽帝も、帝位簒奪にあたって、北京を本拠に江南人の政権を打倒し、あらためて虐殺をくりかえした。

父子二人とも執行した処刑は数万人規模、嗜虐《しぎゃく》というよりは、公権力としてマジメに失したのであろう。「危機」に応じた、あるべき秩序の枠組みから、ともすれば逸脱しがちな江南人の放縦・弛緩《しかん》に苛立《いらだ》ちを募らせた結果である。

江南デルタは一四世紀末から一五世紀初にわたって、このように政府権力の苛酷な圧制を受け、政治的なヘゲモニーをまったく喪失した。そして以後、あからさまな反抗・敵意を示さなくなる。しかしそれは必ずしも屈服を意味しない。

鳴りを潜めた江南人は、もはや政権の主導権の奪回・獲得に関心を示さなかった。北方に対する不信・批判・抵抗は持しつつも、むしろ自発的に権力から距離をとる道を選ぶ。宮崎市定の表現を借りれば、「バカは相手にするな」。どうやら適応・迎合をふくめて消極的なレジスタンスというべき姿勢に転じたのであって、江南デルタは以後長く政治の主要舞台になることはなかった。

フロンティアの「マンジ」は、それでも優に自活できる力を培っている。先述したとおり、政権の現物主義に抗して、経済的な地域間分業を形成し、その中核となりおおせたのは、そうした趨勢・力量を典型的に表現したものなのであって、やがて名実ともに経済・文化の中心を体現していった。

生存戦略

そうした力量の裾野をなしたのが、開発と困窮のなかでたくましく生き延びていった、名も無き人々の、いわば生存戦略である。もとよりそのすべてが視野に入ってくるわけではない。後世のわれわれがキャッチできるのは、文字記録に残ったごく著名な事例しかないけれども、おおよその趨勢はみえてくる。

その初期の、かつ象徴的なものとしては、南宋の時代に草創し、体制教学の正統にのぼりつめた朱子学《しゅしがく》にほかならない。「聖賢」といかめしく奉ったり、道学者先生とわずらわしく感じてしまいがちな朱子学こそ、そんな戦略の先蹤《せんしょう》をなした。まもなく科挙の受験に特化していったからである。

朱子学は福建出身の朱熹《しゅき》が、唐宋以来の新思想を集大成した新たな儒教哲学であった。注目したいのは、その普及法である。朱熹とその後継者たちが、「四書」や『資治通鑑綱目』『近思録』を編纂するなど、古典・経書・史書のマニュアル化を熱心にすすめ、メディア戦略をはかっていた。やがて朱子学が知識人社会を制覇したのも、そのおかげである。そこには印刷出版業の確立・隆盛もあずかって力があった。

かくてモンゴル帝国の再開以降、科挙の出題は朱子学に準拠することになる。さらにその解答の作成も、やがて八股文《はっこぶん》のスタイルで定式化し、いよいよいわゆる受験化してきた。科挙もしょせんは試験であれば、成否は習得の技術・受験のスキル・「戦略」の習熟度に帰着する。

高尚で晦渋《かいじゅう》難解な専門的奥義を、一定の手順で習得できる一般的なスキルに開放還元し、なおかつ誰もが参入、担当しようとしたところに、江南人の「生存戦略」の特色があった。受験資格に事実上、制限のなかった科挙に関わる古典のマニュアル化は、その表象だといえよう。誰でも手がけられるから、参入競合の激化をもたらし、そのなかで淘汰《とうた》が生じて、スキルの洗煉《せんれん》・専有も避けられない。

朱熹

マニュアル化は古典に限らない。科挙に合格できなければ、士大夫《エリート》・官僚の道はあきらめて、実利のあがるほかの進路をめざすので、そうした目的の実務的な指南書の存在も確認できる。

文筆・政務なら「胥吏《しょり》」という官庁の事務職員が、おびただしく存在した。唐宋変革以降の中国で、科挙出身の官僚につかえつつ、直接に庶民と接触して行政実務を担当、壟断《ろうだん》した面々である。

そうした人々のため、行政事務を体系的に説明する「吏学」がはじまり、また法律書も少なからず刊行をみた。そしてその胥吏といえば、紹興人。寧波に隣接する浙江省の紹興から、中央官庁に勤める胥吏が大量に進出している。

旅行案内・商業指南書のたぐいも刊行が盛んで、おおむね「士商必携」「士商便覧」と謳い、エリート・商人の双方にアピールしていた。行動の範囲・様式が両者ともに共通していたからである。官僚は渡り鳥的に各地の官庁に赴任する転勤族だったし、商人は地域間分業を結びつける遠隔取引にあたった。

そのうち商業で覇をとなえたのが、徽州《きしゅう》商人である。安徽省南部の山あい・徽州出身の商人たちは、政府専売の塩を扱うことで財閥化した。

民間社会

なかんづく商業は課税などを通じて、官界・体制と密接な関係にあるから、それがマニュアルのありようにもあらわれたとみてよい。それはほかの職種でも、多かれ少なかれ同じで、地主なら農書《のうしょ》があった。

受験勉強の可能な知識人がほぼ地主を兼ねていたことは、当時の通例だったし、商業にも投資し、あるいはその経営にも携わった者もいる。知識人は官界に出入りするとともに、ほかの職業・身分も兼ねる多面性を有していたから、なおさら生存戦略に長《た》けていた。それが指南書・マニュアルの形になって残ったというべきだろう。マニュアルが著述である以上、識字層であるエリート・官僚、ないしはその関係者の手にならざるをえない。科挙受験をはじめ、知識人が生存戦略の先頭を走っていたようにみえるのも当然であった。

そうはいっても、もちろん科挙を受験するようなエリート知識人の士大夫に限らない。識字できずマニュアル化に携わらず、指南書を著せない庶民でも、生存戦略の立案・行使とそれにともなう多面性ではかわらなかった。

胥吏のように官庁に巣くう人々もいれば、農村では農地を借りる小作人、商業では雇われ経営者も存在する。かれらは時に、上司の官僚士大夫を籠絡《ろうらく》し、従うべき地主や資本家を圧倒した。いうまでもなく数的には、こちらのほうがいっそうおびただしい。少しでも優位な地歩を占めようと競合し、その地位・立場はめまぐるしく入れ替わる。

士・庶ないし官・民という身分階層は、科挙の合否・財力の多寡で截然《せつぜん》と分かれながらも、それぞれ職層はこのように多重化して、実際の就業も相互に乗り入れていた。士大夫であろうと、庶民であろうと、どんな出自であれ、あらゆる社会的な権能を担う可能性を有し、数ある職業をいわば遊泳することになる。

ごく大づかみにいって、史上の日本や西欧は、家系と職能は分かちがたく結びついて、しばしば世襲的に継承する職業身分ごとに権能を分けあう社会だった。そのため職種はプロフェッションとして専業化して、身分団体を結成する傾向が強い。その支持・賛助をえた公権力から、存在と権利の承認を獲得して、相互に緊密な依存関係を保った。

中世にはギルドとしてまとまり、都市行政に参画したし、近代以降のブルジョワジーも、各業種の利害を体した代表で議会を構成し、規制の緩和や利権の保障を政治的に獲得している。こうした政治社会構造が国民国家の母胎をなした。

これと対比すると、中国とりわけ南方の社会は、専業もなく身分もなく、その団体もない。公権力の存在が微弱だったからであり、とりわけ明代に、それが顕著になってくる。誰もがいわばバラバラな「素人《アマチュア》」ながら、あらゆる公的事業に参画しえた。中国の近代化過程で軍人・外交官ふくめ、個人・団体として専業・プロフェッションの養成・確立が、かえって一大課題になったゆえんでもある。

個々人ひとり一人の立場からすれば、職業身分としてそれぞれ孤立したばかりか、公権力の法的な介入・保障・保護も事実上、期待できない。いわば野放しの、激烈な自由競争である。

そのため自身にしても家族にしても、安住の獲得、勢威の拡大とリスクの分散をはかるには、他人は信用できず、自らの戦略・伎倆《ぎりょう》・縁故に頼るほかはない。必要があれば、居処も他地に遷したし、家庭も離合集散、常なかった。身分・業種ごとに鞏固《きょうこ》な団体を結成する前提の条件・動機を欠いていたのである。

4　社会と思想

都市化の進展と特徴

このように北方・政治から離れゆく南方の社会・経済の展開として、空間的に最もみえやすい特徴は、いわゆる都市化であろうか。その含意はここではひとまず単純で、都市の各々が大きくなったと同時に、またその数も増したという現象である。一六世紀以降の中国、とりわけ江南デルタは、都市化の進展が著しかった。

もっとも都市化自体は、上にも述べたように、明朝の時代よりも前から、つとに顕著ではある。行政機関を置き、城壁を周囲にめぐらせた政治都市は、唐宋変革以降の経済発展を含みこんで拡大していった。

典型的なのは、宋の首都であろう。それまで地方の一都市にすぎなかった北宋の開封も南宋の臨安も、首都になって人口百万のスケールを誇った。これは首都に所在する政治軍事の機能が、あわせて物資の調達集散など、経済的な機能がなくては十分に作動しないしくみになっていたからである。

そうした趨勢はもとより、首都ばかりではない。ほかの地方の中心都市も、総じて大きくなり、江南デルタにも同時期、数万から数十万規模の都市が分布していた。

そうしたなか、注目に値するのは、南宋の都・臨安が示した現象である。すでに述べたとおり、モンゴル帝国の手に落ち、杭州という地方都市に転落した後でも、百万の繁栄を保った。つまりは首都の政治機能をもたなくとも、巨大都市が成り立ち、存続しうることを、いわば当時、世界最大の規模で立証した事例だった。

それならいっそう小規模の聚落なら、まったく政治の要素がなくとも存立していけるはずである。だから都市化の加速は、こうした文脈にとどまらない。

商品経済がいきわたると、農村・農民も自給自足ではなくなってくる。そもそも農業生産の余剰物が商業交易の原資であった。やがてははじめから自給用ではない、商品に特化した作物・産物を目的とする生産も広まり、それが次第に多くを占める。

そうした商品をやりとりするため、自生的なマーケット、それを中核とする聚落が、各地に続々と生まれた。すでにふれた「市鎮」である。たとえば商品の生産や流通を通じて、政府機関の最末端たる県を農村とつなぐ役割を果たした。政経連繫《れんけい》した都市化である。

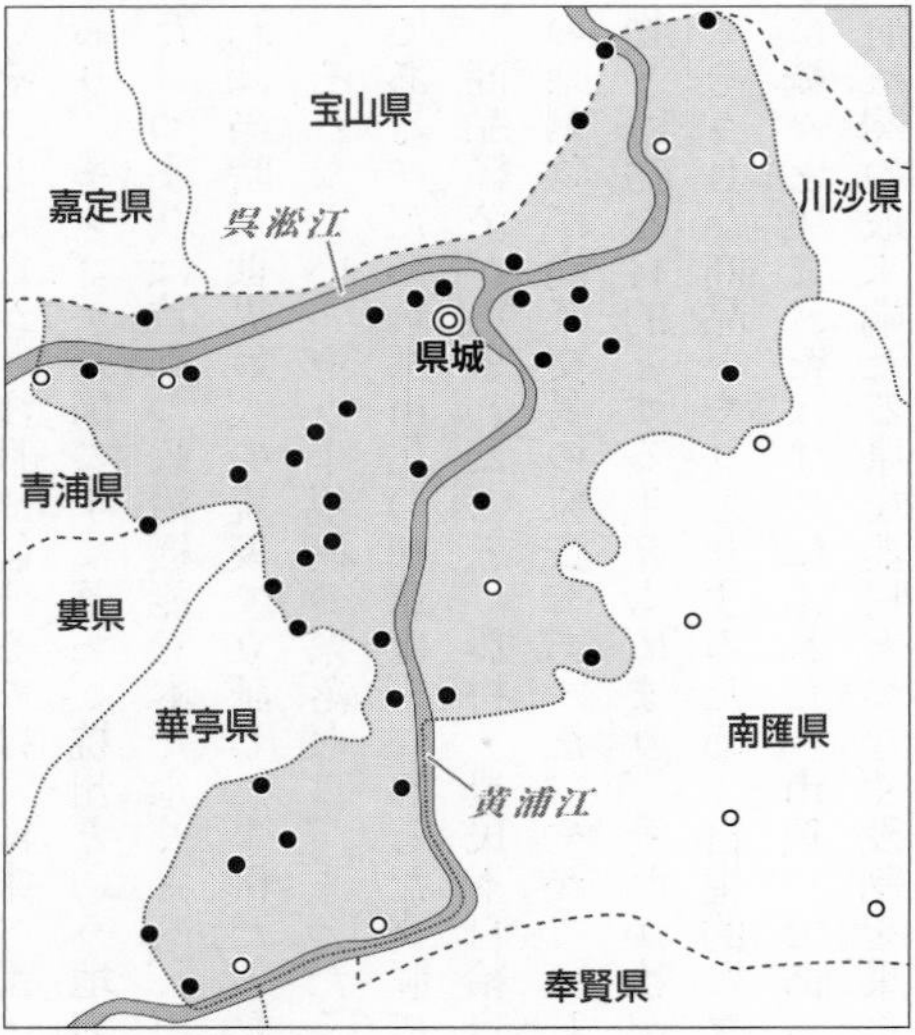

4－3　16世紀以降の市鎮の増殖　上海県とその附近

市鎮の発生・増殖も上述のとおり、いわゆる唐宋変革からはじまっていた。それでも宋代までは、政治軍事の物資調達が多くを占めたためか、政治都市の勃興と規模拡大が顕著である。市鎮が増えたのも、むしろそれに附随した副次的な動向だったとみたほうがよい。

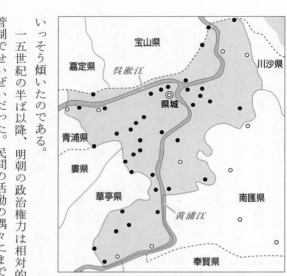

それに対し明代以後の江南デルタは、様相を異にしている。政治都市の帰趨にかかわらず、政治機能をもたない小規模の市鎮の独自な増殖が一般化した。いわば純経済的・非政治的な都市化にいっそう傾いたのである。

一五世紀の半ば以降、明朝の政治権力は相対的に矮小《わいしょう》化し、既成既存の政治都市の把握管制でせいぜいだった。民間の活動の隅々にまで、とても眼・手がとどいていない。上述のとおり貨幣・産業などの方面にみえるそうした局面が、聚落形態にも反映して、江南デルタで市鎮が増えはじめたとみればよい。

その趨勢がまったく定着して誰の目にも明らかになるのは、人口爆発を経た清代一八世紀以降のことではあった。しかしそれが本格化し不可逆な趨勢となり、顕在化しはじめるのは、4-3からもわかるようにまさしく一六世紀である。政治・公権力を相手にしなくなった江南社会の姿勢の発露にほかならない。

弱肉強食

このような都市化をもたらした変動は、空間的なものだけではない。当時の社会構成にもあらわれてくる。

商業流通が活潑化し、従前に比べて格段に多様性と流動性を増していた。地域の分業・職種の分岐が多種多様にすすむにつれ、貧富の格差も広がり、競争は激しさを増す。そんななかで優越・成功すれば、政治・経済・文化すべての社会的威信を独占することもできた。科挙に合格し高位にのぼった顕官が、しばしば官僚・大地主／大商人・知識人の三位一体だといわれるのも、理由のないことではない。

一攫千金《いっかくせんきん》、途方もない成功者を出す一方で、すべてを失って奈落の底に落ちる敗北者はいっそう多かった。富裕な強者はますます富み、困窮する弱者はどんどん貧しくなって際限がない。明代以降の中国は、そんな格差社会の一典型に数えてよいだろう。

流動性がとりわけ顕著だったのは、そんな社会の下層である。移動移住を余儀なくされ、故郷・本籍からはみ出す人々がおびただしく存在した。そんなあぶれ者・落伍者《らくごしゃ》でも、潜りこんで生息できる余地・間隙《かんげき》を提供するのが都市である。

糊口《ここう》をしのぐだけなら「就職先」は決して少なくはなかった。「いい鉄は釘《くぎ》にならない、いい人は兵にならない」、人間のクズの集まる軍隊に入る道もあったし、官吏の使い走り・富商の使用人になってもよい。藝を磨いて優人《ゆうじん》・遊妓《ゆうぎ》などで食べてゆく手もあろう。土木工事や運送業、あるいは汲み取りにいたるまで、単純労働でも求人はあった。

江南デルタは明代以降、工業化したから、そうした趨勢にますます拍車がかかる。繊維産業の勃興と専業化に応じ、雇用労働の担い手に対する需要も高まっていった。

都市に流入する人々は、かくて増える一方だったから、競争ももちろん激化する。誰でも正業にありつけるとは限らない。食べてゆくには、乞食に身をやつす場合もあっただろうし、いよいよなら文字どおりのアウトロー、匪賊・盗賊などの闇組織に身を投じる人も少なくはなかった。

貧困な大衆の広汎な存在は、治安悪化の温床をなす。個々人ではいかに無力無告のかれらでも、群としてのプレゼンスは軽んじられない。

古今東西、多かれ少なかれ、ありがちな世相ではある。それでもここで、あえて看過するわけにもいかない。当時の明朝での体制は、現物主義で農本主義的、かつまた反商業で静態的固定的な秩序をめざしていたからである。

およそヒト・モノの移動・流通にともなう経済都市の勃興・貧富の拡大、そこに起因する紛争・騒擾などの事態を、体制・政権は想定していなかった。したがって治安を維持する抑止力も、今でいう社会福祉、ないしセーフティネットのようなものも、制度的・法定的・行政的に十分に備わっていない。

人々の結集

要するに、政府の権力体制と民間の生活実態の乖離である。そこで民間の著しい変容に比して、公権力の側からの変革・適応がまるで乏しかったために、独自の社会構成が生まれてこざるをえなかった。

その中核をなすのが、民間のローカル・コミュニティである。上にも述べたとおり、日欧にもギルドなど社会団体は存在した。中国がそれと異なっていたのは、公権力と懸隔のある団体だった点にある。

自らの戦略で生存をはかる人々は、血縁・地縁あるいは職業で結びつく関係を動員して結集、一種の相互扶助の共同体を組織し、公権力の提供しないサービスを肩代わりした。いざという時、零落しかねない成員を救済する福祉的な役割をになったばかりではない。銀の貨幣的な使用など、いっそう日常的な経済活動に対する信用の供与、あるいは制裁の行使にもあたっている。

だとすれば、ここに属さなくては、日々の暮らしも送っていけない。そのため以後、人々の集団意識ないし帰属意識は、上下を問わず、好むと好まざるとにかかわらず、こうしたコミュニティを何より優先するものとなっていった。それが勢力を有して数を増やしていったのもうなづける。

そんなコミュニティの結集と増殖は、空間的地理的な聚落分布でみなおすと、政治当局と関わりの少ない市鎮の勃興と重なり、当時の特色ある都市化の原動力となっていた。そこに民間・庶民の戦略と力量をうかがうことができる。

それならコミュニティのリーダーは誰がつとめたか。やはり衆人が仰ぎ見る、声望の高い人物があたる。それには既成秩序・体制教学に準拠したエリートたち、科挙の各種試験に受かった知識人が、やはり好都合だった。

郷紳の登場

その種の人々はここまですでに出てきたとおり、通例「士大夫」と総称する。一文字に縮約すれば「士」であり、また庶民とは服装がちがうので、その身なりから「縉紳《しんしん》」「紳士《しんし》」ともいった。

政府の官僚になることを想定された人々ながら、実際に任官したかどうかにかかわらず、社会的なステイタスはかわらない。任官すれば郷里を離れて、各地を転々とするのが当時の制度・慣例だった。しかしこのように在地のコミュニティが重要となり、指導層にそれなりの人が必要になると、その任は紳士こそふさわしい。

かれらもあえて自ら任官せず郷里に残留して、住民と苦楽をともにすることが多くなった。在郷の紳士ということで「郷紳《きょうしん》」と称する。

科挙に合格し、治世に貢献すべきエリートは、無用に心身を労しないように、優遇を享受できた。具体的には徴税・労役の減免特権である。資力・学力ある人々は、逆にこういった利権獲得を目当てに科挙を受験した。

特権はあくまで、科挙に受かった本人のものではある。しかしそれにあやかろうとする人々がいても、何ら不思議ではない。過重な税役の負担回避、福利の獲得確保などを目的に、赤の他人が自らの財産・身体を紳士・郷紳に寄進した。権力の搾取という脅威に対し、自らを守るすべをもたない庶民の、いわばしたたかな生存戦略である。そのエネルギーの上に郷紳率いるコミュニティ・市鎮の結集・増殖が実現していった。

以上はひとまず体制に背かず、それと距離は隔たってもつながりを拒まない範囲である。その埒外、いわばまったくのアウトローであれば、むしろ体制権力・既成秩序にすすんで背を向けることで、社会から脱落した、少なからぬ人々をひきつけた。

そのさい既存の権威・慣習にあえて違った淫祠邪教《いんしじゃきょう》や新興宗教を信奉信仰するのが、イデオロギー的な紐帯《ちゅうたい》として有効である。またあわせて、組織を防衛維持するため、武装して犯罪に手を染めることも、禁制を破って利益をあげることも普通だった。

レジスタンス

もっとも、体制に背いたアウトローかどうかは、実際にはさほど重大なちがいではなかったかもしれない。いずれにしても政権に対する向背では、あまり大差がなかったからである。

明朝は君主による社会の直接支配をめざし、江南出身の官僚・有力者の冷遇・粛清をくりかえした。当初から太祖が疑獄事件で、万単位の連座処刑を断行し、その息子永楽帝も帝位の簒奪にともなって、前政権の関係者を「蔓《つる》まくり」、一網打尽の死刑に処している。こんな極端な処罰にまでいかなくとも、身分・地位にあわない虐待がしばしばだったため、官僚層の士気は著しく低下した。

意に染まぬ官界で政治に従事し、汲々と保身に明け暮れるよりも、官途につかないか、早々にリタイアするかして、親近なコミュニティに安住したほうがよい。郷紳とはそうした存在である。

紳士が郷里にとどまること自体、任官拒否なのだから、決して政権に従順ではない不信の表明ではあった。地元と中央ないし郷里と政権は、矛盾をはらむ存在だったこともわかる。政権に出仕し、高位にのぼった官僚でさえ、多くは自身の郷里・郷論から自由でなかった。

そんな暗黙の不信・矛盾は、しばしば顕在化する。その典型がたとえば、いわゆる「倭寇」だった。政権は民間経済の運転に欠かせない海外貿易を制限統制していたから、郷紳がリードした江南の経済界は、当局の規制に逆らって、貿易業者をむしろ積極的に受け入れ、大きな騒擾をひきおこす。

「倭寇」はこのように、海外から銀を注入する役割を果たしていた以上、地域間分業の形成という大きな経済変動にも不可分な動向ではあった。だとすれば、江南の郷紳たちのプレゼンスとレジスタンスも、東アジア全体の変貌、ひいては世界史の展開に大きく寄与していたわけである。

一口に郷紳といっても、さまざまな属性・資格を有していた。社会経済的には地主・富裕層、政治的には官僚とかわらない地位・身分・立場であることが多い。そこを考慮に入れなくては、言動を理解できないだろう。

明朝は北から君臨し、粛清・重税をはじめとして江南に圧迫を加えつづけた。にもかかわらず、官僚となり政権につかえた南方の人士は少なくない。内心おそらく釈然としなかっただろうが、処世にはそれもやむなし、という一種の諦観が根づいていたというべきである。

郷紳もそこはかわらない。政権に対するレジスタンスの姿勢を持したといっても、そこは自ずと限界があった。郷紳の勢威は、科挙をはじめ既存の慣例を擁護する体制にその源泉がある。アウトロー・反体制になりきらない限り、権威・権力に反撥はしても、徹底はできない。一定の距離を保つのが関の山だった。

郷紳はその称呼どおり、何よりも郷里の知識人エリート・在地の名望家であった。そして北方の官界・権力と離れた以上、その存在理由は在野在地で文化的なヘゲモニーを掌握した点にある。

当時の文藝は職業ではないから、それだけで生活の資を稼ぐことは難しい。経済的なバックアップが必要になる。イタリア・ルネサンスでも、藝術家には必ずパトロンがいた。

スポンサーの求めにしたがって、心にもない阿諛追従《あゆついしょう》を詩文にしたてる必要もあれば、不本意な出来の書画でも売らねばならない場合もあっただろう。さもなくば、作品を残すことはおろか、生きてもいけない。

蘇州・江南の人士はかくて、自分に確乎たる理念信念、主義主張などがありながら、長いものに巻かれる、世情に迎合しがちな行動様式が勝ってきた。言行の不一致という現象・風潮が支配する。ここまで述べてきた言い回しなら、やはり「バカは」まともに「相手にするな」の態度だった。愚直にして直情径行の日本人に理解しがたい中国人の複雑さ狡猾《こうかつ》さ老獪《ろうかい》さは、このあたりからはじまるといえなくもない。

王陽明

陽明学の普及

そしてここに、陽明学《ようめいがく》が生まれる背景も存した。陽明学は江南の浙江出身の王守仁《おうしゅじん》(王陽明《ようめい》)が一六世紀のはじめに創始し、「知行合一《ちこうごういつ》」「万物一体」など、体制教学だった朱子学の理気二元論・二分原理を批判する教理をもつ。

当時の現実はとかく言行不一致の政治・社会であった。知識人エリートたちは官僚にせよ郷紳にせよ、高尚なことを口にしながら、実際の行動は不義横暴・不正貪婪《たんらん》。決して珍しくないこうした言動を、朱子学が提唱勧奨していたわけではなかった。しかし理論と実践を分けるその思想が、言行の背馳《はいち》をまったく助長していなかったともいえない。

言行の不一致はけだし流動性を強め、分化、重層化してきた当時の社会の一面を露呈したものである。陽明学の「心即理」「知行合一」はそんな風潮に対するアンチテーゼであって、悪しき世相を反省批判するエリート・庶民の意向に応じた。陽明学の流布はそうして出発する。もっとも陽明学は当時、流布という以上に、いわば熱狂的に迎えられ、急速に広がっていった。

先だつ朱子学の普及は、「四書《ししょ》」や語録などリーダブルな経典ガイドを考案工夫して、メディア戦略につとめたのが大きい。それでも「四書」の存在からわかるように、やはりテキストを読んで「読書」を通じて、はじめて「道」「理」を体得できる学術である。だから科挙盛行以降の士大夫エリートを「読書人」とも称した。

陽明学は異なる。「心即理」だから、「道」「理」ははじめから心にそなわっており、「知行合一」でそれを行動に移さなくてはならない。「読書」の暇はなかった。「読書」できる人というのは、書物を所持閲覧する資力・知識・時間を必要とするから、そもそも貧困の下層庶民には望みえない。本を読まない陽明学は、そんな人々にも門戸を開いていたのである。

それならどのように学んだか。「講学」である。要するに講義、口頭の討論など、ゼミナール形式の学習法、あるいは耳学問にもあたるもので、これなら字の読めない庶民でも、聴講できるから参加しやすい。庶民が存在感を高めてきた世相、そしてその庶民に寄り添う郷紳の出現という当時の社会情況とも合致した動向である。

講学のサークルが各地で生まれ、官僚・紳士・庶民を巻き込んで、ネットワークを形成した。それをくりかえすことで、陽明学は爆発的な普及を遂げたのである。

近代への可能性

朱子学のテーゼは「聖人、学んで至るべし」。「学」べば聖人になれる、とは、元気の出るスローガンながら、しょせんはエリート向け、「読書」して「学」ばないと聖人にはなれない、という意味でもある。

陽明学はそれに対し、「満街《まちじゅう》の人、すべて聖人だ」という立場であり、聖人になれる資格はエリート知識人の官僚・郷紳に限らなかった。庶民の力量向上がかいまみえよう。

陽明学はこのように学知を通俗化し、庶民と接近密着しようとした。高尚な哲学でありながら、「日用」の生活に真理があるともとなえている。教学・知識はもはやエリートの専有物ではなかった。

学術の営為もしたがって、抽象理論の空中戦ばかりではない。日々の実務を考察して、実用を案出する「経世致用《けいせいちよう》」の方向が濃厚になってくる。たとえば著名な医学書の『本草綱目《ほんぞうこうもく》』、技術書の『天工開物《てんこうかいぶつ》』、農書の『農政全書《のうせいぜんしょ》』は、日用の生活に関わる著述であり、やはり陽明学と同じく南方の所産であった。陽明学の「日用」重視は、そうした時流の一端にすぎない。

生業に関わらない日用といえば娯楽。学問が講学なら、娯楽は講談が主流だった。いずれもオーラルで共通する。庶民も交えた通俗・実用の所産であった。そんな講談が文字として残って生まれたのが、中国文学最高峰の白話《はくわ》小説『水滸伝《すいこでん》』『三国志演義《さんごくしえんぎ》』『西遊記《さいゆうき》』である。

小説ができれば、文藝評論・文学研究もあらわれる。そのはしりは李卓吾《りたくご》（李贄《し》）という陽明学者であり、通俗的な小説に無上の価値を与えた。ここでもやはり陽明学に帰着する。

そもそも「小説」とは、「小人《しょうじん》」の「小」と同じ言い回しで、つまらない、ダメな文章を意味してきた。そんな従来の既成観念を覆す動きなのである。

李卓吾本人はたとえば歴史書の『蔵書《ぞうしょ》』を著し、既存既成の史観・評価に対し駁論《ばくろん》、批判を加えた。従前の常識では暴虐無道の君主だった秦の始皇帝・漢の武帝を、あえて名君と称えている。また「五代十国」の乱世、三十年間の間に十一人の君主につかえ、破廉恥・無節操の典型といわれた馮道《ふうどう》を名臣と評した。いずれも現代人の感覚にごく近い。客観的相対的総合的なモノの見方、言い換えれば近代的な視座であって、「近代思惟《しい》」と称する向きもある。

それなら学問的な手続きとしても、近代科学の方法に向かっておかしくない。かくてデータを調査蒐集《しゅうしゅう》し、比較考察した客観的な論証にもとづいて、議論・思考を組み立てる実証主義も生まれてきた。

李卓吾から顧炎武へ

李卓吾は陽明学でも「左派」に属し、なかでも「過激思想」「儒教の叛逆者《はんぎゃくしゃ》」と評せられた。世上いわゆる暴君・奸臣《かんしん》を称賛しただけではなく、孔子《こうし》の権威すら否定したからである。そこまで極端でなくとも、「左派」の流行は「心学横流《しんがくおうりゅう》」といわれ、あるべき秩序を乱す危険思想の横行として忌み嫌われた。李卓吾も囚われたすえ、自刎《じふん》して果てる。ちょうど一七世紀がはじまった一六〇二年のことであった。

顧炎武

新しい時代になりつつある。大航海時代・好況の一六世紀は終わり、不況で「危機」の一七世紀を迎えた。

西洋史のこうした趨勢は、ほぼそのまま中国史にもあてはまる。やがて明清交代という激動に突入し、中国は南北とも凄惨な戦災に見舞われた。

そのさなかに生きた蘇州人が顧炎武《こえんぶ》である。李卓吾の逝去からおよそ十年後、蘇州崑山《こんざん》県に生まれ、ほぼ生涯、官途につかなかった。中年以後は調査研究で各地を転々としたけれども、若年に培ったその学識・言動のベースは、ほかならぬ地元の江南社会にあったから、その身分・立場・意識は郷紳だったといってよい。

顧炎武は後代の漢人社会を風靡《ふうび》した考証学＝漢学《かんがく》の鼻祖《びそ》である。朱子学・陽明学のような空理空論の経典解釈では不可であって、儒教が成形化した漢王朝時代のオリジナルな原義をつきとめてみなおさねばならぬ、と実証主義を提唱実践し、数々の名著を遺《のこ》した。

そうした学術上の関心は、現実の課題と向き合った「経世致用」にある。激動の時代に際会して、国家・社会のありようそのものに深刻な危惧を抱いたからである。郷紳らしくローカルな郷論を尊重する地方自治・分権をとなえ、旧来の王朝政治・専制体制を批判し、国民国家・民主制の建設も視野に入るようなプランすら示した。

このように顧炎武の学術・思想は「近代思惟」にみまがう。漢学の実証主義も体制の変革構想も、われわれ現代人の眼からすれば、合理精神の所産にほかならない。それなら陽明学・李卓吾と同じ時代の、同じ精神に出自するはずである。

ところが顧炎武は、孔子・聖人に背いたとして李卓吾を徹底的に非難し、講学を空疎・虚妄として陽明学のありようを全面的に否定した。体制変革の構想を主張しながら、旧来の体制教学を遵奉《じゅんぽう》したのである。

江南・蘇州人の顧炎武が露呈したこの「矛盾」こそ、「近代思惟の挫折」というにふさわしい。井上進《いのうえすすむ》は顧炎武のテーゼを「明末江南地方の主張そのもの」と断じながら、「南に向おうとして北に行くような、何とも奇妙な矛盾がある」と巧みに表現した。蘇州人らしい言行不一致の「矛盾」をかかえる顧炎武の著述・事蹟は、北方の政権に対する当時の江南デルタの位置を表象している。

南北から東西・海陸へ

「南」の革新はけっきょく「北」の旧制と訣別、対決しなかった。江南の社会は北京の政権と乖離しつつも、もたれあい共存する運命を選択する。やがて北京に都を定め、明朝をひきついだ清朝の支配を甘受し、一八世紀にはかつてない繁栄を謳歌した。

従前の北と南は中心と周縁という位置づけにありながら、元来は別個の世界だったので、空間的な二重性・多元性をそなえていた。最もみえやすいのは契丹・北宋、女真・南宋の対峙であり、前後も南北二元でかわらない。

ところが明代に一変、かつて「マンジ」と称せられた江南は、大航海時代の一六世紀を経て、もはやフロンティアではなくなっている。「カタイ」が「亡霊」のように明滅するうち、「マンジ」の呼称もいつしか消え去った。それは「カタイ」「マンジ」の並列的概念が代表するような、空間的な南北の二元性が希薄化し、解消した推移を物語る。

別の文脈からは人口動態が、たとえばわかりやすい。江南・南方の開発が進展するとともに、その人口が増加をたどるトレンドが従前の中国史であった。しかし明代以後、様相がかわる。大まかな人口比をみると、南北はむしろ平準化の趨勢にあった。人口分布が南北間の変動・二元性によらなくなった、ということである（3-2）。

当時の江南デルタは客観的にみれば、東アジア全域に冠絶した経済文化のヘゲモニーを掌握する中心的な地位にのぼりつめた。かくてフロンティアでなくなる過程で生じたのは、南北の二元性が江南社会の内部にいわば転移してゆく動向である。

従前は空間的に並立していたヨコの二元構造は、タテの社会的な二重性・重層性・多元性に置き換わった。江南社会は北方の政権に親和的な官僚・知識人と、そこから逸脱しがちな紳士・庶民との複合重層から成り立っていたからである。そんな多元性を一身に体現したのが、たとえば「南に向おうとして北に行くような」郷紳の顧炎武だった。

かれはことごとに南の北に対する文化的な優越と政治的な不遇を説いている。南方こそ中

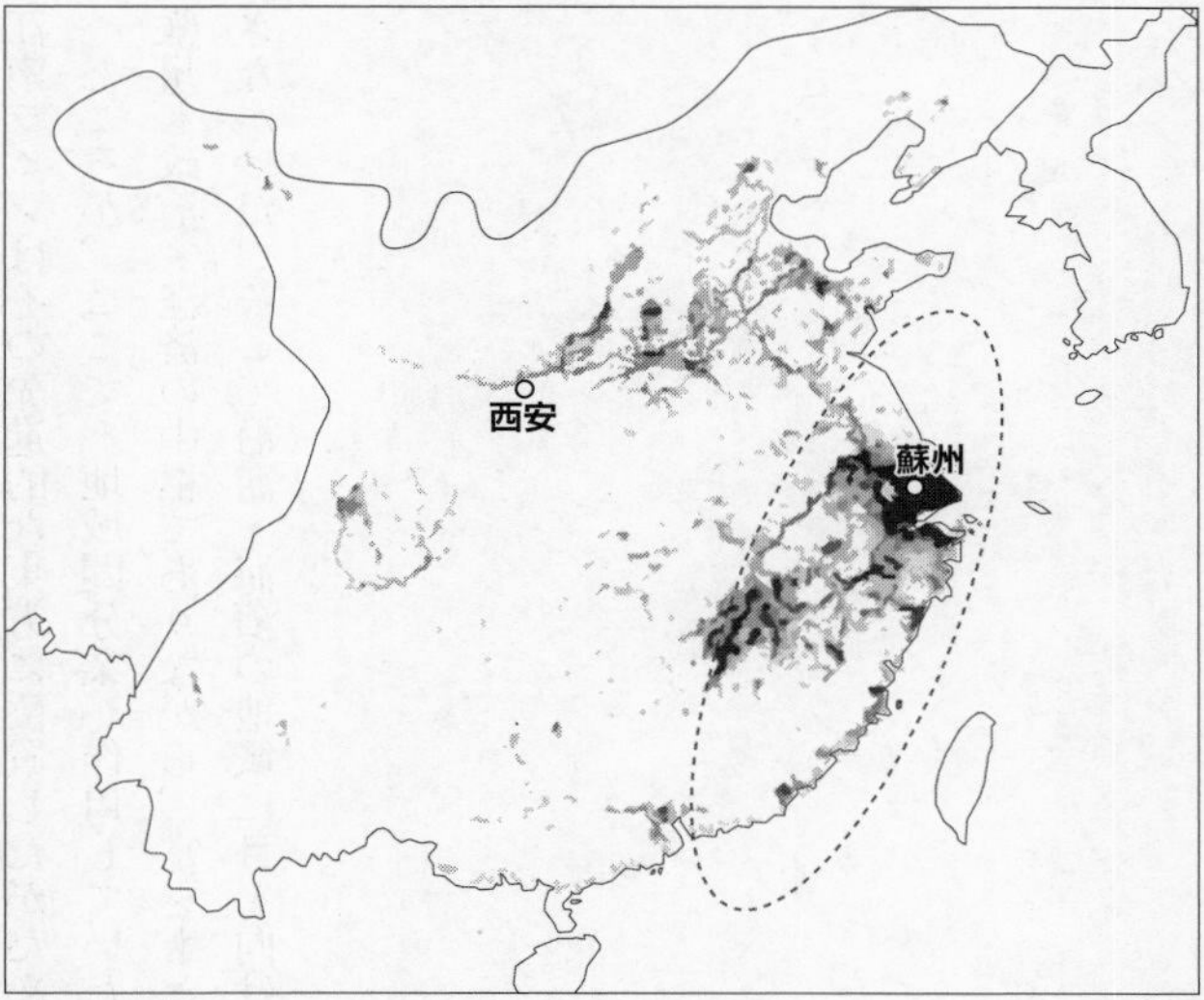

4－4　明代の人口分布　嘉靖年間（1522-66年）

心という自意識の表明ではありながら、そんな対比は同時に、北があっての南、逆も然り、という不可分的な南北の一体性も内蔵、反映するものであった。

こうして南方の経済文化は、北方の軍事政治に抗いながらも断絶せずに、対立緊張をはらみながら相互依存の関係を深めてゆく。北京と江南を結ぶラインが、以後の東アジアの枢軸を形づくった。

経済が発展して人口が稠密《ちゅうみつ》になったのは、東の沿海地域である（4－4）。先述の地域間分業なども作用しつつ、西の内陸と大きな格差が生じた。空間的な南北の平準化とは、とりもなおさず東西格差の拡大を意味する。北京——

江南ラインはその先進的な東方に位置したがために、枢軸となりえた。

ところが、ここでも地域間分業が作用していたのか、その枢軸は自存ができない。北京も蘇州も政治・経済の中枢でありながら、富をもたらす海外貿易に自らアクセスする機能を有さなかった。そこで沿海・海濱の地域に目を向けなくてはならない。

第5章　瘴癘《しょうれい》——海域の展開

1　南蛮

異界

黄河文明の栄えた中原は、ほぼ乾燥気候である。それなりに温暖で灌漑もできたので、農耕も可能であった。そうした条件がなくては、おそらく牧畜しかできない土地柄である。ユーラシアで古代文明が発達したのは、いずれも類似した地域だった。逆にいえば、高温多湿で、水の多すぎる土地は、文化は発達しても、文字をもつ文明は栄えていない。なぜかを説明しきるのは困難である。しかし歴史事象がそうすすんだのは、おおむねまちがいあるまい。オリエントに近い地中海世界を除けば、海濱・沿海もおよそ不適格だった。

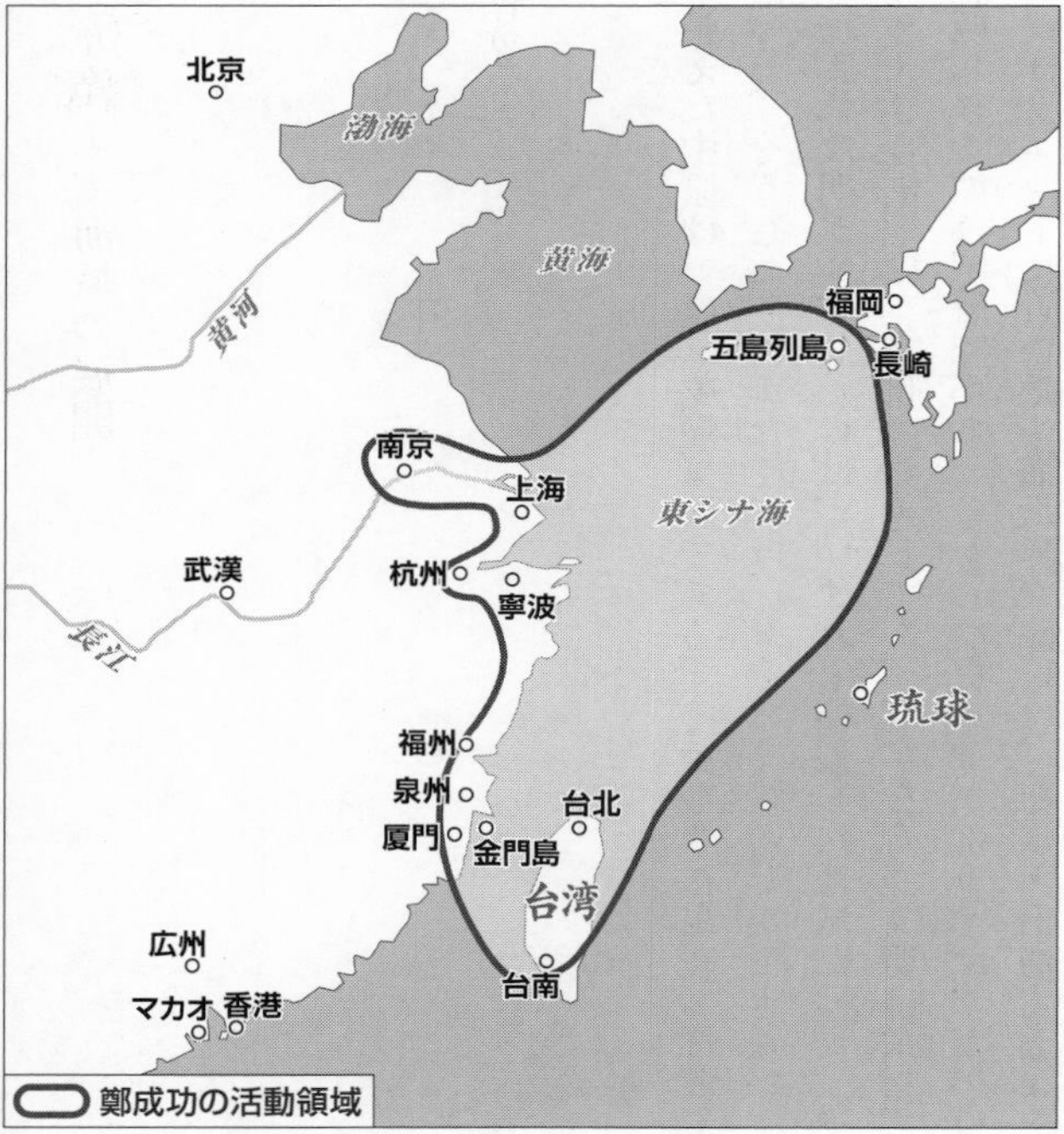
北京
渤海
黄海
黄河
福岡
五島列島
長崎
南京
上海
東シナ海
武漢
杭州
寧波
長江
琉球
福州
泉州
台北
厦門
金門島
台湾
広州
台南
マカオ
香港
鄭成功の活動領域

5－1　広東・福建沿海

中国史あるいは中原の黄河文明は、その典型であろうか。

その立場からみれば、海はやはりはかりしれない。隣接する斉《せい》、現在の山東省すら「魚塩《ぎょえん》の利」といって特筆した。中原からすれば、およそ珍奇だからなのだろう。

それでも山東省は同じ黄河水系なので、中原文明とは早くからつながっていた。沿海をしめる斉の西隣にあった国が、孔子の故郷だった魯《ろ》である。魯はいわば中原・黄河文明の東端の出先であり、斉は隣接するその魯の影響で、いちはやく中原文明と同化する動きをみせた。やがて強大になって、中原に覇をとなえる。

「斉」「魯」＝山東ですら異境なら、いわゆる春秋時代の中期・末期に台頭した「楚」「呉」「越」を含む長江流域は、なおさらそうである。黄河流域からみて、別の水系・河川域であるのみならず、気象条件がおよそ正反対の高温多湿、水がありあまる沮洳《しょじょ》地だから、住民はライフスタイルもちがえば、言語も別だったであろう。中原の人々からみれば、水辺に暮らす異人、いわゆる「島夷」であった。

それでも長江流域なら、まだ距離も遠からず交渉もあったから、「夷」であれ存在を認知した記録も残っている。この「夷」が諸侯連合のリーダー・「覇者」になったりした。ひとまず認知・関係の範囲内にある。異境ながら同じ空間を共有したというべきだろうか。

それなら中原からみて、その長江水系を越えた向こうの遠隔なシナ海沿海は、いよいよ異界であった。楚・呉・越よりさらに南方で暮らす人々は、漢語で「百越《ひゃくえつ》」と総称し、地域でいえば、福建の「閩越《びんえつ》」・広東の「南越《なんえつ》」として、後述のように登場する。

もっとも「春秋戦国」時代を描く文献史料の記事に、かれらはほとんど出てこない。中原を中心とした範囲・視野の外にあったからである。言い換えれば、いわゆる「春秋戦国」の歴史は、この地に存在しない。

シナ海沿海がこのように隔絶したのは、まず地形による。分水嶺で別水系をなし、黄河・長江の流域に背を向け海に開けた地勢だった。住地も狭隘で、独自の勢力を形成しにくい。中原の政治的な立場・史料的な目線でいえば、近接した広闊《こうかつ》な長江流域諸国のように、自発的・積極的に結合、分離するベクトル・意欲・実力を、この地は有さなかった。それ自体にいわば求心力・遠心力がなかったので、外からの吸引力があれば関係を生じ、弱まれば自然に離れ、自立勢力に転化する。シナ海沿岸地域の歴史は、系統的な史料による限り、およそそうした構図でほとんどの輪郭を描けそうである。

起源

この地がそれなりに歴史として登場するのは、紀元前三世紀に秦の「天下」統一の形勢が成って以降だった。秦は戦国末期、楚を滅ぼすと遠征軍の一部をさらに南下させ、「百越」

を支配下に入れ、閩中《びんちゅう》・桂林《けいりん》・南海《なんかい》・象《しょう》の四郡を置いている。

このやり口は中原・江南などとかわらない。秦の統治の軍事性・画一性をよく示す。ローカルな実情・慣習を顧慮しないこのような方法は、中原人の利害・感情に背いて、激しい反撥を惹起した。秦があえなく亡んだのは、在地社会の掌握に失敗したからである。

新たに帰服したシナ海沿海地区も、さして事情はかわるまい。現地に対する中原由来の政治・経済のノウハウ導入がないはずもなかった。最も物理的で目にみえやすいのは、兵站《へいたん》確保のため、北流する長江水系の湘江《しょうこう》と南流する珠江《しゅこう》水系の漓江《りこう》を結ぶ水路・「霊渠《れいきょ》」の開鑿《かいさく》であろう。以後も華南・華中を連絡する動脈として機能した。

もっともその珠江水系の流域、いわゆる嶺南《れいなん》地方では、住民が中原ほど強い反撥を覚えなかったようで、少なくとも当時、政治的な問題・反抗には及ばなかった。あまりに遠隔の辺境なので、官吏を派遣したのみ、在地社会はむしろ手つかずだったのかもしれない。

秦末の動乱でも、そうである。一言でいえば、蚊帳《かや》の外というべきか、そこは中央政府の支配から離脱しただけ、県の長官をつとめていた趙佗《ちょうた》が自立した。「南越王」と称したのは、秦王朝を打倒し春秋戦国の例に回帰した項羽の覇王時代の風習だろう。そのまま漢から封建を受けて、王国は存続した。時に紀元前一九六年。

「南越」王は今日の広東省と広西チワン族自治区に及ぶ南海・桂林・象の三郡の範囲に君臨

し、まもなく帝号を用いて武帝と称し、六十年の治世を全うする。君主の家系は中原出身の漢人ながら、全体としては「南越」人の政権だった。

さてその珠江水系とは分水嶺を隔てた北側の沿海地域、つまり現在の福建地方も、史実経過の構図では以上の嶺南地方と基本的に同じである。ただこちらは春秋時代に活躍した、北隣する越との関係が伝わる。

勾践《こうせん》七世の孫・無彊《むきょう》が紀元前三三四年、楚に敗れて殺され越は滅亡した。難を逃れた越の王族・住民が福建北部に定住し、原住民「百越」人と融合、やがて「閩越」を建国する。

紀元前二二一年、秦が「天下」の統一を果たすと、「閩越」人の住地にも派兵した。翌年に「閩越」王を廃して設置したのが、前出の閩中郡である。しかし遠隔峻険の地で住民も統御しがたいとみなして、地方官を中央から直接派遣はせず、もとの王に「君長《くんちょう》」の名義を与え、従来どおり統治を任せることにした。

紀元前二〇九年にはじまった内乱で「閩越」の「君長」騶無諸《すうむしょ》は自立、最後は劉邦の側について漢王朝の創建に貢献する。そのため漢は紀元前二〇二年、騶無諸をあらためて「閩越」王に任命し、住民住地の統治を認めた。やはりシナ海沿海は中原から離れていたのである。

割拠の時代に

秦の始皇帝で中絶した「天下」統一の実をあげたのは、およそ百年後・紀元前二世紀末の漢の武帝だった。秦から自立していた「南越」「閩越」も、例外ではない。この時期にそれぞれの君主は廃せられ、始皇帝の時代さながら、郡県制の施行をみた。シナ海沿海地域は以後、長期にわたる政権の自立・独立を果たしたことはない。

とはいえ実質はどうだろうか。中原あるいは長江流域とは習俗を異にする在地社会の掌握・統制は、どこまですすんだか。君主・政権が単に中原政権から派遣のある官吏・役所にかわっただけ、とみるほうが正確なのかもしれない。

それでも情況は少しずつ変化していった。画期は江南が自立した三国であろう。ここでも江南に本拠を置き、曹操の魏と北に隣接して対峙しつつ、長江流域の開発をすすめた孫呉政権の存在は大きい。「蛮」の反乱鎮圧・掃討として史料に出てくる記事は、おおむね先住民の駆逐・帰服だとみなせる。

シナ海沿海もやはり例外ではない。「三国志」という英雄時代であれば、そうした社会史は、多く英雄・偉人の事績として語られる。この場合、著名な呂岱《りょたい》の事蹟が代表するだろうか。

呂岱は呉の孫権につかえた武将で、元勲・元老的な存在である。ちょうど三国が名実ともに三国に分かれる西暦二二〇年ごろ、還暦くらいの年齢で「交州《こうしゅう》」に赴任した。そこは現在の広東省からベトナム北半に及ぶ広大な区域である。しばしば起こった反乱を鎮圧するなど、治績をあげた。

かれの施策をみると、在地勢力が台頭跋扈《ばっこ》し対策に追われていた様子がわかる。在地在来の勢力は自立性がなお旺盛で、江南政権の積極的な政策方針と対立・摩擦が避けられなかった。おそらく孫呉政権の亡んだ後も、東南半壁の六朝時代を通じて、くりかえしたプロセスだったはずである。

孫呉政権にはじまる江南の海洋立国は、東晋・南朝でいよいよ本格化した。そしてシナ海沿岸一帯は、海上の出入口でもあったから、なおざりにはできない。政権の利害関心は深まり、干渉支配も強まらざるをえなかった。

「神州」化とその実相

のち一七世紀、広東は「秦漢以前、蛮地だった。唐宋以後に神州《しんしゅう》となった」と語られた。確かにここまで述べてきたとおり、「秦漢以前は」中華王朝に必ずしも帰服しない「蛮地」で、隋唐以後は「五代十国」のおよそ半世紀間を除けば、ずっと「神州」＝中華王朝の版図の一部になっている。だとすれば、広東ないしシナ海沿海地域が、いわば「神州」化・中国化したのは、やはり六朝の間とみてよい。

もっとも、そうした六朝時期にすすんだ「神州」化ばかりで、その地に顕著な異質性が、ただちに解消するはずもない。いわば王朝政府にひとまず帰服し、背く動きが目立たなかっただけ、大部分の土地・住民とはむしろ別個の処遇を受けていた。

そもそも日常的な生態環境、ひいてはライフスタイルが異なる。代表的な言辞が「瘴癘《しょうれい》の地」「瘴郷《しょうきょう》」であろうか。熱帯・亜熱帯の高温多湿、気象ないし空気だけでも異質だった。だとすれば植生が異なり、植生がちがえば、動物・昆虫も多寡種類、比較を絶している。何よりマラリアなど熱帯の感染症が危ない。久しく「瘴気」と称してきた。

北方の乾燥冷涼に暮らす中原人ばかりでない。開発がすすんで中原人も住めるようになった湿潤温暖な江南の住民も、往来や移住の難度はやはり高かった。

そのため北の中央政権から向かうベクトルでいえば、ここは植民地にして流刑地の扱いである。「謫居《たっきょ》せられる者は往々にして死に至る」というのが、「唐宋」時代の一般的な評価だった。だから左遷のきわめつけである。著名な文人政治家も例外ではない。

唐宋八大家のお歴々も、そうした配流を経験した。排仏を主張し皇帝の不興を買った韓愈《かんゆ》は、潮州《ちょうしゅう》に流されている。柳宗元《りゅうそうげん》は政争に敗れて、現広西チワン族自治区の著名な形勝の桂林に近い柳州《りゅうしゅう》に左遷され、四十代で亡くなった。時代が下って宋代一一世紀には、蘇軾・蘇轍の兄弟が新法党《しんぽうとう》と争い、前後して極南の海南島《かいなんとう》周辺にまで逐《お》われたことがある。シナ海の沿海地帯はそれだけ身近になるとともに、また異質さも残存していた。

逆にそんな風土の異なるところから、北方の権力者に向かうベクトルでいえば、珍奇な物品でなければ、珍奇な人間の移送・献上となる。唐代も八世紀までは、なおいわゆる律令制で、物産・労働などを現物でとりたてる財政システムだったから、宮廷に必要なモノは、それ自体を上納させた。人間も例外ではない。宮廷が必要とすれば献上させる。宮廷に必要なヒトとは、主人たる皇帝の召使い・宦官《かんがん》にほかならない。

その宦官の供給地として群を抜いていたのが、現在の福建・広東のシナ海沿海地域である。異族も多い土地柄で植民地に準じ、犯罪者の流刑地だったのと同時に、人身売買も盛んな賤《せん》民奴婢《みんぬひ》の供給源でもあった。そのうち去勢した男性が、宮廷に送られて宦官になる。

海上交易が盛んに赴いてきた情勢も、あずかって力があった。ムスリムのアラブ商人が、インド洋の東西をまたにかけて活躍していたころである。シナ海沿海にも陸続とやってきて、各地の特産をもたらし、豪富を貯《たくわ》えた。イスラーム圏は宦官の本場だから、その影響がなかったとは考えにくい。

唐代に著名な宦官といって、まず指を屈するのが、楊貴妃とのロマンスでおなじみの玄宗皇帝につかえた高力士《こうりきし》である。広東の名族出身とも「獠《りょう》」族出身ともいわれるかれは、玄宗の絶大な信頼をえて、政治にも深く関与した。安史の乱で都落ちしたのちは、流謫《るたく》の身となり、引き離された主人・玄宗の後を追うように、同じ七六二年に歿している。

福建出身者の宦官は、さらにおびただしい。とりわけ九世紀以降、唐王朝末年の専横跋扈を演出している。「定策国老《ていさくこくろう》、門生天子《もんせいてんし》」つまり皇帝など宦官の門下生、廃立はその思いのまま、と言い放った楊復恭《ようふくきょう》も福建出身、代々宦官の家柄だった。

以上のようなヒトの往還が、シナ海沿海地域が経た「神州」化の実相をよくあらわしている。確かにこの地域は、大きな変化をはじめていた。

2　変革

「十国」という発展

亜熱帯という生態環境、海上交易という生業、罪人・宦官という人々にきわだつ異形。シナ海沿海地域のそんな個性の結晶として、一〇世紀の半世紀間、ふたたび自立した国家が存在した。「五代十国」の閩《びん》と南漢《なんかん》である。

隋唐時代の福建・広東は、流刑地・植民地に準じた異境だった。けれども各地の個性も、もはや顕著である。実質上互いに異境ばかり、唐＝統一王朝という仮構がなくなれば、名目上もバラバラに解体せざるをえない運命だった。

そんな「唐」から「五代十国」へ移行する機縁をもたらしたのは、すでにみた黄巣の乱である。南北を十年以上巻き込む大乱は事実上、唐王朝を亡ぼした。

その黄巣軍は各地を転戦し、福建を経て広州にも入っている。八七九年のことで、戦略的な利点を第一に考えなくてはならない反乱軍が、わざわざ足を伸ばすくらいだから、シナ海沿海がやはり「神州」となっていた証左かもしれない。

広州を占拠した黄巣は、唐政府の示した和平条件に怒って徹底的な掠奪・破壊を敢行した。ところがほとんど中原人だった黄巣軍では、南方沿海の気候に慣れず、病人が続出、黄巣は北帰し、あらためて長江をわたって、中原で覇を争う。

当時の広州はすでに海外交易の中心地だった。インド洋交易で活躍したアラブ商人も、数多く居留している。漢語で「大食《タージー》」と呼ぶ人々で、居留区を「蕃坊《ばんぼう》」と称した。そのためアラブ・ムスリム側の記録も残っていて、黄巣軍の殺した居留民は、イスラーム教徒・ユダヤ教徒・キリスト教徒など合わせて十二万人、受けた被害で広州の交易機能は麻痺《まひ》、回復までに数十年かかったという。

北上した黄巣は、およそ五年後に亡ぼされる。反乱平定の過程で各地に根を張った軍閥が重きをなし、四分五裂の割拠状態を生み出したのも、上述のとおりである。そのバラバラのなか、シナ海沿海の広東・福建も、中原・江南の各地と同じく自立に向かっていった。

宦官王国

広東地方のその国は、史上「南漢」と称する。建国者は劉隠《りゅういん》という人物、劉姓だったから漢王朝の支族を祖先と自称し、のちにあやかって「漢」を国号とした。史家は区別するため、この国には「南」を冠して、南漢と呼ぶのが通例である。

劉隠の祖先は福建地方に住み、南シナ海交易で富を築いて有力者となった。アラブ系だという説もある。父の劉知謙《りゅうちけん》は広州に移って、上に述べた黄巣の乱で功業をあげ、封州《ほうしゅう》の長官に任じた。劉隠は父の死後、後を襲い、広東の節度使の反乱を鎮圧、その地位を乗っ取った。これが九〇四年のこと、やがて現在の広東省・広西《こうせい》チワン族自治区の大半に及ぶ範囲を平定する。支配体制を固め、唐の滅亡とともにまったく自立、唐にかわった中原王朝の後《こう》梁《りょう》は、形式的にかれを南海王に任命した。時に九一一年。

劉隠はまもなく死去し、弟の劉龑《りゅうげん》が後を継ぎ、九一七年に皇帝を名のって、中原王朝から名実とも完全に自立した。国号を「漢」に改めたのが、翌年になる。

劉龑は安定した治世を実現し、四半世紀近く在位、九四二年に逝去した。その継承を争った息子たちの相剋を経て、四男の劉晟《りゅうせい》が兄弟を殺して即位する。

建国の初代は名君で、次代は暗君、混乱をきたし衰滅にいたる、というのが、およそ「五代十国」の興亡の基本パターンだった。しかし南漢は、例外に数えたほうがよい。

この劉晟は十五年以上の在位を保って、版図を拡げるなど国運は盛んに赴いた。北隣する現在の湖南省・楚国の内乱に乗じて出兵、隣接する連州《れんしゅう》・桂州などを奪っている。これで現在の広東・広西の基本的な北境が定まった。

時を同じくして顕著になったのは、宦官の登用である。南漢はかれと継嗣の劉鋹《りゅうちょう》の二代にわたって、いわば宦官王国の観を呈した。

「五代十国」は乱世、軍人・武官が文官に優越した時代である。ところが南漢はあたらない。むしろ文官優位だった。中央の政争に敗れてこの地に左遷されてきた官僚の子孫、ないし戦乱を逃れてきた人士を、初代の劉隠以来、積極的に登用したからである。

政権が安定期に入ると、そうした文官も君主を脅かす権勢をもちはじめたのか、あるいは君主がそう猜疑《さいぎ》したのか、功臣をあえて次々に粛清、代えて側近の宦官を重用するようになった。目当ての人材が宦官でなければ、去勢してから登用したという。

それなら宦官への委任は、権力集中のためにほかならない。劉晟が兄弟を殺戮《さつりく》したのも、君主レベルでの集権がねらいであったから、臣下にそうした策を講じたのも納得できる。

先代の劉龑は晩年、「すべての臣下たちは例外なく家庭がある。自分の子孫のことしか考えないのはあたりまえ、すべてをなげうって君主に尽くせるはずはない。それなら、ただ日夜親しむ宦官だけが任せうる唯一の者だ」といったと伝えられ、朝廷・政府はほぼ宦官が占拠するありさまだった。すすんで自分から去勢して仕官する者すらあったりして、こんな小国にもかかわらず、宦官の数はじつに二万人、人口の二％にのぼったという。

南漢は建国者が貿易商人あがり、末裔は徹底した「宦官信用者」であった。南海貿易で巨万の富をえて、贅を尽くした宮廷を構え、側近に政治を委ねたとなれば、史書の評判がよかろうはずはない。とくに劉鋹は亡国の君主だからか、国政をすべて宦官に任せ、自らは侍女やアラブ女性と淫戯《いんぎ》にふけったと伝わる。

貿易といい宦官といい、ことさら記録に残るエキゾティシズムは、いかにもシナ海沿海地域・広東ならではの国家らしい。しかしそこは「神州」化しつつあった地ではあった。海上貿易主導の経済と宦官を用いた集権化とは、じつに六百年を隔てて、中国史上の重大問題になってくる。そんな後世の歴史に鑑みれば、リアルタイムでは異質な辺境国家だった南漢は、後の中央王朝政権に範を垂れたといえなくもない。南蛮が「神州」化したのか、逆に「神州」が南蛮化してゆくのか。そんな機微がすでに端を発している。

閩の興亡

福建は広東の南漢よりさらに弱小ながら、それでも同じ時期に自立併存した。「十国」の一つ「閩《びん》」として、その自立から数えれば、半世紀近くの命脈を保っている。

その起源にはやはり、黄巣の乱からのいきさつがあった。九世紀末、黄巣が亡んだ後、その敗軍をひきついで河南で一大勢力になったのは、秦宗権《しんそうけん》という人物である。その転戦が各地に波紋をなげかけ「十国」の形成をうながした。福建の場合も同様である。

秦宗権軍の圧迫におされて、河南の光州に住んでいた王潮《おうちょう》・王審知《おうしんち》兄弟は、福建へ移住、そこを占拠したのち、王潮が八九六年、正式に節度使に任じた。翌年に王潮が死ぬと、弟の王審知が地位を受け継いで、現在の福建一省全域を支配、自立した。

四囲は江南の呉・浙江の呉越・広東の南漢と、大きな勢力ばかりである。王審知は九〇七年に唐が亡ぶと、取って代わった後梁に恭順の姿勢を示し、閩王に封ぜられた。隣国とも婚姻関係を結んで関係を安定に導き、嶮峻な地勢にも頼りながら、平和を実現した。

その上で内治に力を入れ、知識人を集め、文化を奨励し、支配地の開発につとめる。後進地の福建はこうして一大発展を遂げ、存在感を示しはじめた。

王審知は三十年の治世の後、九二五年に逝去する。その善政を慕う後人たちは「開閩聖王」と称えて、福州に閩王祠を建設し、生前に唐の皇帝から賜った「徳政碑」を門前に立てた。もちろん本人の実績にもとづく称賛ではありながら、後継の暗転も無縁とは思えない。

閩の末路は南漢と異なって、いわば「十国」の典型だった。建国の初代は英明、次代が暗君で亡国を導く、というパターンである。王審知の歿後、子孫が内紛を続け国運は二十年しか保《も》たなかった。

王審知を継いだ長子を弟の王延鈞《おうえんきん》が殺害し位を奪って、後には皇帝を称する。しかし因果応報というべきか、この王延鈞は九三五年、長男の王継鵬《おうけいほう》によって殺された。即位した王継鵬は名を「昶《ちょう》」と改め、道教を狂信し、黄金を湯水のように使って豪奢《ごうしゃ》壮麗な宮殿を建設し、苛斂誅求《かれんちゅうきゅう》に走った、と伝わっている。王昶はさらに一族要人を猜疑して粛清に乗り出したため、九三九年に軍隊のクーデタで横死した。

王昶の歿後は、急坂を転げ落ちるかのようである。軍隊があいついで王審知の子孫を擁立、狭い領域のなか、福州・建州・泉州に割拠したあげく、隣接する南唐・呉越に併合され、滅亡にいたった。いずれも一〇世紀の後半には、中原の宋に属してその一部となる。

通貨戦争

以上、閩の興亡は天下の形勢に、ほとんど関係がない。辺境沿海の地域紛争にすぎなかった。それでも帝王学の史書『資治通鑑』は、南漢以上にくわしく書き込んでいる。いわば鑑《かん》戒《かい》として反面教師の効用を期待したからにちがいあるまい。

歴史叙述の動機はともあれ、史実経過がよくわかるのは、善かれ悪《あ》しかれ、小国なりにプレゼンスがあったからである。そんな存在感のほうが、むしろ重要だといえる。

それなら、その原動力は何だったのか。やはり海洋貿易だろう。福建は全体に山がちで耕地の拡張には障礙《しょうがい》が多く、内地とも陸路で往来しにくい。そのため従前は貧しく孤立しやすい地勢だった。しかし同じ地勢は、海岸でリアス式の良港に恵まれる結果をもたらし、海洋の交易が盛んになる時代の訪れとともに、有利な条件に転じる。

広州に来航したムスリム商人は、シナ海全域で活躍し、港市を拠点とした海上交易も盛況に赴いていた。沿海地域も当然その恩恵に浴し、支配した割拠政権は、いわば貿易立国の展望が拓《ひら》ける。貿易品の中継売買とともに、域内で産する商品作物を移出し、食糧など必需品は移入に依存して、経済を成り立たせることができるようになった。福建といえば、後に世界商品として名を馳《は》せる茶が特産で、同じ時期から記録に頻出しはじめる。

福建の地産は、それでも貧しい。対外貿易で競争力を高め利益をあげるには、為替差益が有効である。王審知は支配領域内で当時の正貨だった銅銭にかえ、いっそう価値の低い鉛銭・鉄銭を多量に発行し流通させた。正貨を政府の手にとどめつつ、近隣との輸出に有利な条件にまで平価を切り下げて、経済振興をはかったもので、第1章でみた五十年後の「十国」後蜀がとった経済政策である。その先鞭《せんべん》をつけたのは、じつに王審知の閩だった。後蜀が中原王朝に敗れて、貧窮・苦境のあまりやむなく選んだ道を、早くからすすんで活用したことで、閩は小国でありながら富裕を誇り、王昶の奢侈をも可能にしたのであろう。暴政と衰亡が経済開発と富力上昇の証とは、歴史の皮肉といってよい。

閩が試みた通貨政策・為替操作は、もちろん独占できるものではなかった。南隣の南漢も、まもなく追随して鉛銭発行に踏み切っている。南漢の拠る嶺南地方は、もともと中原起源の銅銭がゆきわたらず、また銅鉱脈も乏しかったため、海外から入ってくる金銀が通貨として流通していた。そのようなかで、閩に倣った鉛銭をあえて鋳造発行したのは、やはり海外貿易で競合する関係から、国内物産の輸出振興の意図があったらしい。

末路が富裕と醜態をあわせ示したのも、両国よく似ている。つとに亡んだ閩とは異なり、南漢は強国と隣接しなかったこともあって、九七一年まで存続した。だが最期は同じくあっけなく、また見苦しい。

君主の劉鋹は襲来した宋軍に抵抗できず、財宝を十艘《そう》以上の船に載せて逃亡をはかったものの、重用してきた宦官に奪われたあげく、とらえられて国も失った。目もあてられない結末ながら、亡国まで財宝を蓄積していた富裕はみのがせない。

3　発展

宋の統一と多元性

「十国」の南漢・閩、つまりシナ海沿海地域は、かくて宋に帰属して、名実ともに「神州」の一部となった。南漢の旧域は「広南《こうなん》」と名を改め、東西に分かって「広南東路」「広南西路」といい、略した「広東」「広西」が、現在の通称になっている。閩は主要都市の「福州」と「建州」を合わせた「福建」と称し、これまた現行の名称とかわらない。

以後の広東・福建は、各々おおむね王朝政権の一地方として過ごしており、いわば沿海辺境の定位置にもどった。しかしながらそのプレゼンスは、もはや以前と同じではない。海域世界・海上貿易の門戸だったからである。その意味で、全体にも不可欠になってきた。

群雄割拠の乱世、各地の勢力はやがて不均衡をきたし、突出した軍事勢力による征服に帰結する。それが後周《こうしゅう》・宋の統一であった。しかし「五代十国」の相剋で顕在化し劇化した各地の多元性が、それですぐに喪失するはずもない。軍事・政治の割拠が解消しても、社会・経済・文化の分立は、根強く残って存続した。

銅銭・鉛銭・鉄銭に分化した「十国」の通貨にも、そうした多元性は明らかである。「十国」を統一した宋の政権はこれに対し、自ら使用していた銅銭の全土普及を試みた。いかに経済が未発達で、流通範囲が政府宮廷関係に限られていようとも、貨幣であった以上、その分岐は一定の社会的な差異をあらわしていたとみるほうがよい。さもなくば、宋の中央政府が通貨の全土均質化にとりくむ必要はなかった。やはりかつての政治分裂を未然に防ぐための経済的社会的な施策・措置だったであろう。

宋政府は旧「十国」の長江流域から沿海地域にかけて、中原と同じ銅銭の通用に改めるべく規制を設けるかたわら、銅鉱脈の開発と銅銭の増鋳を推し進めた。にもかかわらず、先述のとおり蜀・四川の鉄銭通用区域の解消はできなかったし、広東・福建でも事情はあまりかわらず、鉛鉄銭が残存していたように見うけられる。けっきょく各地の銅銭均一化は失敗、モザイク状の通貨分立が継続した。

われわれの常識でいえば、同じ法令・統治《し》を布く国の一部なら、同じ通貨でなくては都合が悪い。当時の広東・福建は同一貨幣でなかったのだから、実質上「十国」の時代とかわらず、同じ国ではなかったともいえる。しかしそれでも、どうやら困らなかった。

別の通用貨幣があったからである。閩が先鞭をつけ、南漢が追随して発行したシナ海沿海の鉛鉄銭は、銅銭の代替というばかりではとらえきれない。いっそう高品位の外貨をあわせ有していたからこそ、地域限り・ローカルな低品位通貨の流通も可能だった。

その外貨とは何か。主として海外との交易取引決済に用いた金銀である。少量高価で価値の移転に便利な貴金属は、外貨としては古今東西うってつけ、当時のシナ海沿海では、海外諸国から来ることもあれば、未開発で埋蔵に富む地元の鉱脈から産出もあった。銅銭を本位貨幣とした中原とは、やはり異質な空間だったのである。

宋の領内には、ほかにも銅銭の統一をみていない区域があった。異なる貨幣間で必要な価値移転や金融決済は、閩・南漢の旧制を生かしている。経済規模が大きな四川では、「交子《こうし》」という紙幣が発達した。その裏づけにも南方沿海由来の金銀を利用したはずである。

中原の王朝政権が統一をめざして否定しようとした社会的な多元性・異質性が、皮肉にも経済的な共存結合を実現し、中央政権の恐れる政治的な分断を防ぐ契機となった。そこに中央・中原とは異質ながら、外界と接するフロンティア、海外交易の窓口として成長しはじめていた広東・福建の役割があったといえよう。

貿易の繁栄と市舶司

それなら対外貿易はいよいよ重要であって、実際に宋代を通じ、開発がすすんで発達を遂げた生産・流通を背景に、海外との交易も増加の一途をたどった。こうした動向のなか、広大な土地の面積に比して海岸線の短い中国大陸では、交易に適した港湾は必ずしも多くはない。主要な港市は南方のシナ海沿岸に分布し、そこが発展していった。

とりわけ一二世紀に入り、宋室《そうしつ》が南渡し、南宋になると、その傾向に拍車がかかる。北方の脅威に対抗して、ますます沿海に活路を見いだそうとしたからであった。

代表的なのは、まず浙江省沿岸の杭州と明州である。それぞれ南宋首都の「臨安」、日本と関係の深い現在の寧波であり、さらにその南方には、双嶼《そうしょ》・温州・台州の港市もあった。福建では福州・泉州・漳州《しょうしゅう》があらわれ、さらに南・南シナ海へは広東の潮州・広州がある。このうち広州・泉州が最も栄えた。閩・南漢から続いた発展の賜物である。

以上の主要港には、貿易に従事する船舶を管理し、現代風にいえば関税を徴収する市舶司を置いた。唐代・八世紀からある官職・官庁であり、天子が舶来の珍品調達のため、直々に使用人の宦官を任命派遣したのは、任地が宦官の故郷だったからでもあろう。このような中央の利害関心と実務の地元主義は、以後も中華王朝の対外的な姿勢として続いた。

宋は九七一年に南漢を亡ぼすと、あらためて市舶司を広州に設けている。今度は宦官ではなく当地を治める地方官が管轄を兼ねた。海外から舶来する品物はまず、市舶司が「抽解《ちゅうかい》」ないし「博買《はくばい》」をおこなう。前者は徴税、後者は先行買い付けとみてよく、いずれも政府財源の一部をなした。そして残った貨物を民間商人との取引に付すシステムである。

市舶司は海港の現地では、内外船舶の検査管理にあたるとともに、中央の政府へはそうした物品を輸送、販売せねばならない。権限も利益も大きかった分、業務も繁多だった。それなら通交・通商のノウハウを知った者に任務も委ねたほうが諸事効率的である。

当時のシナ海の貿易は、インド洋を制したアラブ・ムスリムが牛耳っていた。広州にムスリム商人も多く訪れ、唐代から「蕃坊《ばんぼう》」という居留区があったことは、すでに述べたとおりである。この「蕃坊」も渡来居留した「蕃長」に所轄を委ねていた。市舶司もおよそ同じ、外来の商人が任じたこともある。一三世紀・南宋末の泉州で福建市舶司をあずかっていたアラブ商人・蒲寿庚《ほじゅこう》は、その代表的な人物だった。後述にも登場してもらう。

モンゴル時代

宋は北・西に隣接した強大な軍事政権に陸上の貿易を制せられたので、海外貿易に着目せざるをえなかった。財政上の比重も増し、南宋には「二百万緡《びん》」の収益をあげたという。一緡は銅銭一千文、これで全歳入の五％を占めたほどであった。

高価な輸入品としては香薬・珠玉・象牙・犀角《さいかく》などがあって、「博買」の対象になっている。輸出は中国特産の絹、陶磁器などのほか、禁じられた銅銭の流出が多い。銅銭による通貨統合の障礙《しょうがい》をなした一因でもある。

交易の拡大深化とともに、南方諸国への関心が高まり、知見の蓄積もすすんだ。その種の著述の出現が未曽有の現象で、広東・広西地方の情報を集めた周去非《しゅうきょひ》『嶺外代答《れいがいだいとう》』、福建市舶司の長官をつとめた趙汝适《ちょうじょかつ》の『諸蕃志《しょばんし》』が著名である。前者は一一七八年・後者が一二二五年の作だから、いずれも南宋時代、「マンジ」と海洋世界のつながりをうかがわせる。海外諸国の交通路・位置関係・政治制度・風土・慣習・物産などを記すのみならず、人気商品、生産事情、取引ルールなど、通商本位の項目も加わっていた。

かくて渡来するアラブ商人のほか、内地から南洋・日本へくり出した大船・商人も少なくない。日本の蒙古襲来も、こうした経済的社会的な海上進出の文脈で考えるべきかもしれない。広東・福建と海とのつながりは、モンゴル帝国もそっくりひきついだからである。

一二七六年、クビライの派遣したモンゴル軍が臨安に入り、南宋は滅亡した。大きな交戦もなく、ほぼ無傷で「マンジ」の地を接収したから、各地の繁栄はそのまま温存される。

しかもこの時、沿海の福建・広東がはじめて政治史の主要舞台として、存在感を示した。臨安陥落後、モンゴルの軍門に降るのを拒んだ勢力は、宋帝《そうてい》を奉じて南に逃れる。水軍基地を失い、泉州を拠点に反撃を試みた亡命政権が頼ったのが、かの蒲寿庚であった。ところが蒲寿庚は、資産の強制徴発を受けたため、背いてモンゴルに帰順する。福建一帯の海船を威令下に収め、多大な資力・人員を掌握するかれの寝返りは致命的だった。南宋亡命政権はさらに南へ逃亡し、広東沿海をさまよって、最後は崖山《がいざん》で滅ぶ。

クビライ政権以後のモンゴル帝国は、海洋進出に力を入れた。日本の蒙古襲来や東南アジアへの出兵も、その一環である。そうした事業は福建・広東に根を張っていた蒲寿庚らアラブ海商に、いっそうの活動の場を提供した。かねてムスリム財閥と提携していたモンゴル中枢にとっても、かれらは使いやすい勢力だったはずである。

かくて福建・広東は繁栄を続けた。西のかなたからシルクロードを通って来た「マルコ・ポーロ」も、蒲寿庚が蟠踞《ばんきょ》した泉州《ザイトゥン》を訪れ、当時最も栄えた都市と特筆称賛している。千五百年前、ようやく北方人の視野に入った辺境は、いまやユーラシア有数の港市となっていた。

4　転換

朝貢一元体制

シナ海沿海の比重は宋代・モンゴル時代を通じ、大いに高まった。ところがそうした趨勢は、世界史上の「一四世紀の危機」、中国史上ではモンゴル帝国にかわった明朝の発足を契機に、大きな転換を迎える。

「危機」の騒乱・疫病のため、それまでムスリムの主導で盛大だった海上交易は、萎縮を余儀なくされた。かてて加えて、ユーラシア全域を覆った帝国秩序の崩潰・中国大陸に広がった内乱騒擾の波及で、シナ海沿海の治安も悪化を加えている。

混乱の内戦を勝ち抜いて政権を掌握した明朝は、やがてそうした情勢に直面して、海上交易に対するコントロールを強めようと模索した。その結果が、板切れ一枚海に浮かべてはならぬ、とした「海禁」と、認定した周辺国から皇帝に朝見貢納《ちょうけんこうのう》のため派遣する使節以外の渡来はまかりならぬ、とした「朝貢一元体制《ちょうこう》」である。

いずれも現実には、相応の時間をかけて、数ある法令・規則の組み合わせでできあがった制度だった。しかしながら学界では、具体的な局面が問題にならない限り、通時的・総体的に理解しやすいよう「」内のような短いフレーズ・術語概念を用いて、簡便に通称する。ここもおおむねそれに従いたい。

そんな明代の「海禁」「朝貢」と関連して、日本人にもおなじみなのは、いわゆる「勘合《かんごう》貿易」であろう。一四世紀の末から一五世紀のはじめ、南北朝・室町幕府の成立と同じ時代にあたり、足利義満《あしかがよしみつ》が永楽帝に「朝貢」したことで、日明の公式な関係がはじまった。日本の勘合貿易も、そうした「朝貢一元体制」による関係の一環である。すでに登場した明州つまり寧波が、大陸側のその窓口だった。

このような日本に対する浙江省の明州にくわえ、いっそう南方のシナ海に広がりゆく福建省の泉州と広東省の広州にも、前代と同じ名称の「市舶司」という機関が置かれた。ただこれをみるには、注意が必要である。

市舶司の「市舶」とは、字面どおり交易船を意味する漢語であった。実際に唐・宋・元の時代は、海上の交易船を管轄し、商業と密接に関わっていた機関である。しかし明代のそれは、必ずしもそうではない。明朝は海禁を布き、海外との通交・交流を朝貢のみに限定したため、交易・「市舶」は公式には存在しえなかったからである。

だから名称は確かに同じながら、その機能・役割はおよそ異なっていた。明代の市舶司とは、要は朝貢船の受付機関だったとみればよい。

明代にはまた「朝貢貿易」という学術概念もある。朝貢は確かに貿易ではない。けれども貢物を献上すれば、明朝皇帝から見返りの下賜品をもらえるので、一定の物産のやりとりではあった。しかも朝貢使節団は貢納品だけではなく、附帯してもちこんだ貨物の取引を認められる場合もある。以上をすべてふくめた朝貢行為全体を一種の貿易とみなすことも可能であり、日本史上の「勘合貿易」も、いわばそのバリエーションだった。

鄭和の遠征とは

しかしそうした形態の「朝貢貿易」は、やはり質量とも制限・束縛が少なくない。日本の側としては、正規のルートを通じた貿易取引、つまり勘合貿易の範囲内で、すでに満足できていなかった。しばしば紛擾《ふんじょう》が起こっている。

それだけにとどまらない。勘合貿易＝朝貢貿易の埒外でも、重大な事態・局面になってきた。いわゆる「倭寇」である。

「倭寇」とは文字どおりには、日本（人）の関わる海賊・密貿易、ないしその業者を意味した。しかしながら個別の人物や事件より、そうした現象を全体として把握すべく、近年では「倭寇的状況」というタームを多用している。

こうした「倭寇」への推移を百年のスパンで全体的にみると、かの著名な「鄭和《ていわ》の遠征」が、象徴的な事件だったかもしれない。シナ海からアフリカ大陸東岸にまで及ぶ、七回にわたる一大船団の航海は、壮大な事業として知られる。そのため代表者のムスリム宦官だった鄭和はじめ、遠征事業そのものに注目が集まってきた。

しかしそうした政府事業が、必ずしも存続しなかったのも事実である。言い換えれば、前後の画期・転機・分水嶺をなした。その経過と意味のほうに、むしろ着眼したい。

鄭和はモンゴル帝国が併呑した雲南《うんなん》の出身である。つまりはモンゴル帝国なかりせば、存在しなかった歴史的人物だった。

しかもムスリム船団のインド洋航海といえば、これは一四世紀以前・モンゴル帝国までの海洋交易の復活・継続とみることができる。モンゴル帝国の首都をひきついだ永楽帝の北京政権なればこその事業でもあって、すでに政権がかわって、その当面直接の目的はちがっていたにしても、前提と本質をなす条件・ノウハウは、従前の集大成といってよい。

鄭和の遠征のような事業は、そうした意味で史上絶後であった。インド洋航海・貿易の主たる担い手が、もはやムスリムでなくなったからである。

それはかつてユーラシア商圏の幹線をなしていたシルクロードのローカル化、およびその中核たる中央アジアの相対的な地盤沈下と軌を一にする現象であった。世界経済の担い手は西欧諸国となり、主要舞台・幹線道路は大西洋・インド洋のような大洋に移る。いわゆる大航海時代である。

そんな大航海時代の不可欠な一環をなしていたのが、すでにみてきたとおり、じつに明代江南の工業化を中核とした中国大陸と日本列島の経済発展である。各地は発展の段階・水準が異なっていたから、それぞれの間に産物の交易の強い欲求が生じ、分業化しつつ相互依存の連鎖を重ねた。

こうした様相も、上に述べたとおりである。そのうち貴金属の埋蔵豊かな列島は、厖大な商品を生み出した大陸の恰好の市場となり、かくてシナ海上の交易増大が必然化した。「倭寇的状況」を生み出した原動力である。

交替

もちろん日本列島だけではない。世界経済を創成、牽引した西欧のいわゆる「海洋帝国」「ヘゲモニー国家」、スペイン・ポルトガルからオランダ・イギリスにいたる諸国も、アメリカ大陸で掘り出した大量の貴金属を携えて、東アジアの「倭寇」に参入してきた。

日本史でも「南蛮人」「紅毛人《こうもうじん》」の渡来としてあらわれた史実である。もちろん西洋人の来航は、中国大陸が先んじていたから、日本史上に著名な南蛮渡来も、むしろシナ海沿海の「倭寇的状況」に帰すべき事象だった。

地勢的にいえば、日本列島への大陸側の窓口は、東シナ海に面する寧波・浙江省である。けれどもその地で大きな騒擾が起こって、文字どおりの「倭寇」と化し、浙江・日中の朝貢・東シナ海の範囲だけでは、収拾がつかなくなった。以後「倭寇」と呼ばれた貿易業者の活動は、シナ海沿海全域に広がってゆく。

そしてそうした史実経過で何より忘れてはならないのが、福建・広東の沿海地域という場である。古来シナ海交易の舞台として栄えてきたこの地域が、「倭寇」の時代にいよいよ重要になってくる。

モンゴル帝国が海上の交通・交易に力を入れたことは確かである。しかし政権自体がシルクロードを母胎に成立し、帝国の拡大もそこを中軸としていた。モンゴルの時代・帝国に、海上の交通・海洋の交易が不可欠だったとは必ずしもいえない。

インド洋沿海各地に明朝への朝貢を呼びかけた鄭和の遠征も、その延長線上にあったとみるのが至当である。なればこそ永続しなかった。

ところが中央アジアの退潮とともに、インド洋から東南アジア・シナ海に及ぶ海洋の主要勢力も、ムスリムから次第に西洋列強に移ってゆく。南蛮・紅毛のいわゆる「覇権《ヘゲモニー》」掌握であった。かれらを迎えたのも、やはり福建・広東だったのである。

したがって東アジア側の立場からすれば、福建・広東のシナ海に結びついた枢要な位置づけは、従前からかわってはいない。しかしその社会経済的な内実は、やはりモンゴル時代とは様相・次元を異にしていた。

華僑華人の故郷

南シナ海の門戸では、良港の広州が占めた卓抜な地位は、あいかわらずである。しかし行政上も重要な中心だった広州では、政治的な掣肘《せいちゅう》がありがちだったのか、経済活動に特化した衛星都市がたくさん生まれた。それは二〇世紀以降も続く一貫したプロセスでありながら、とりわけ「倭寇的状況」として特筆すべきは、一六世紀のマカオ出現であろう。

今も存在するマカオは、もちろんポルトガル人が拠点にしたところながら、その創成・発展はかれらだけで可能だったわけではない。そこを考慮に入れれば、マカオだけにとどめてよい事例でもなかった。この時期のシナ海沿海一帯には、政府官憲の干渉・規制・検挙の手から逃れるアジト的なマーケット・聚落ができたからである。

また当時ばかりに限らない。一九世紀後半にイギリス植民地となった香港《ホンコン》も、元来はアヘン密輸のアジトだから、極論すれば原理的構造的に同一だった。「倭寇」・対日・浙江省の場合、寧波から遠くない双嶼が、初期の典型である。ここが弾圧を受けると、福建の月港《げっこう》という地に移った。のちこれを後継し、近辺に厦門《アモイ》という港湾都市ができる。

内地の商人が日本人・南蛮人その他、海外の海商をそうしたアジトに引き入れ、コミュニティを作った。これが沿海地域における「倭寇的状況」の現出であり、マカオも厦門もいわば、その所産なのである。

福建では前代まで、ムスリムが渡来し蟠踞した泉州が栄えていた。当時はいわば渡来の一方通行、内地からの吸引力・展開力がなお微弱だったから、貿易の拠点・繁栄はムスリム商人の退潮とともに、泉州から離れたようにおぼしい。そこに時代の変遷もみてとれる。

だから海外から渡来するばかりではない。内地から海外に出てゆく人々もいた。「倭寇」の巨魁《きょかい》だった王直《おうちょく》や徐海《じょかい》は、徽州出身の海商である。双嶼を拠点に、浙江と日本をまたに

鄭成功

かけて活動した。徽州商人といえば、これ以降久しく政商・財閥として大陸の経済界に君臨する人々である。王直らはそのはしり、ないし私生児だったと位置づけてよい。内地経済が海外貿易と不可分になっていた事情は、そこにもあらわれている。

　そんな海商の役割は、やがて福建人が担うようになった。これまた地域間分業の発露でもある。一七世紀に入って当初の典型例は、泉州出身の鄭芝龍《ていしりゅう》・鄭成《ていせい》功《こう》父子で、まさしく「倭寇」の末裔というべき存在だった。明朝が滅亡し、清朝が北京で君臨するや、鄭氏の厦門から平戸《ひらど》に及ぶ商圏、台湾をもふくむ海域は、そのまま政治勢力に転化し、数十年にわたって北京政府と対峙した。日本人にもおなじみの国性爺合戦《こくせんやかっせん》である。鄭氏政権が亡んだのちは、清朝が政策を転換して、海上貿易を開放するから、一六世紀の「倭寇的状況」と本質・構造はかわっていない。

　大陸内地の経済を動かすため、海上貿易は増大の一途をたどり、沿海地域の比重も高まっていた。経済上もはや不可欠・不可分になっていながら、中央政府の意向にあえて背く行動をとったのが、この地域の特徴である。「倭寇」しかり、鄭氏政権しかりだった。

福建・広東の人々は、また海外にくり出し移住した。いうまでもなく華僑《かきょう》・華人の前身である。かれらも内地を顧みず旅立ってゆくのだから、やはり中央政権に従順だったわけではない。政府の側も「棄民」と遇するのが通例である。

かつて「蛮地」だったシナ海沿海は、こうして名実とも「神州」と一体化した。同時にそれは、まつろわぬ異形の「華人」世界と化したプロセスでもあったのである。

5　革命へ

福建と学術

そうしたプロセスは交易、あるいは社会経済的な動向ばかりに限らない。どうやら学術・思想・政治でも、じつにパラレルな動きである。

秦漢の「蛮地」は、唐宋に「神州」となった。こう記したのは文人だから、「神州」化とは、何より文藝の方面で然りだったにちがいない。ごく端的に表現するなら、言語風習の異なっていた住民が、北方・中原の漢語を用い慣習になじんできたといえようか。

しかしそう一言ですませられるほど、事情は単純ではない。かつての「蛮地」はやがて、

「神州」全体の文化・思想をリードする存在にまでのし上がったからである。それなら、たとえば「唐宋」八大家の時代にとどまらず、もう少し長いタイムスパンをとってみてやらねばならない。

まず着眼すべきは、福建である。そこが重要なのは、朱子学が発祥し、別名を「閩学《びんがく》」と称した一事だけで、すでに明らかだといってよい。

福建は「十国」の閩政権以来、開発がすすむにつれて住民も増え、二百年を経過した南宋期、すでに飽和点を突破、その田土で養いきれない人口をかかえていた。隣接する浙江・広東に食糧の供給を仰がねばならぬほどだったから、農業だけで充足できないのは明らかで、住民も糊口の資をどうするか、自ずから戦略的になってゆく。江南全般の特徴としてふれた人々の「生存戦略」は、けだし福建で突出していた。

「晴耕雨読」とは、よく知られたことばである。それを文字どおり地で行ったのが、福建人であろうか。もっともこの場合、現代人が連想しがちな、悠々自適の境遇ではない。そんなニュアンスは皆無、もっと切羽詰まったギリギリである。生き延びるための選択・戦略にほかならない。

かれらは農業に限界を感じると、「必ず儒を業」とした。もちろん海洋にくり出しての生業選択もあっただろう。しかし学問もそれに劣らない確実な社会上昇の手段だった。

福建はやがて、科挙の合格者で全土のトップに躍り出る。宋代の科挙最終試験合格者数は二万九千人弱、うち福建が七千百人あまりと四分の一を占め、圧倒的なシェアだった。

福建はこうした科挙志向、具体的には受験参考書の大きな需要に応じ、紙の生産に恵まれていた条件などもあいまって、出版文化の一大拠点となる。その中心だった建安《けんあん》は朱熹の本拠地、朱子学の故郷だった。

つまりは科挙を奇貨とする福建の受験産業・出版業が、朱子学を育み成長させていったのである。朱子学とは元来そんな生計の具、生存戦略の所産としての学知なのであって、逆にいえば、だからこそ急速な普及、勢力の伸張も可能になった。

朱子学は元来、田舎出自のマイナーな学派である。弾圧を受けた時期もあった。ところが、いつしか正統教学と化して、「閩学」だった出自を忘れ去られる。決して主流ではなく、斜《しゃ》に構えた、逸脱した形態から出発しながら、やがて全土を風靡する普遍をそなえた。

すでにみた陽明学「左派」の「過激派」李卓吾も福建泉州の出身で、一説にはムスリムと関係があるらしい。その学問も「叛逆」的な「異端」で「挫折」したけれども、一世を風靡したのはまちがいなかった。

異端・逸脱と普遍・主流の間。南宋から明代にいたる学術の変遷をこう形容してみると、「倭寇」の海上交易や銀の貨幣使用の推移にそれを援用しても、まったく正しい。はじめは禁制・異例だったはずなのに、気づけば常態になっていたからである。シナ海沿海地域を特徴づけるありようは、朱子学をはじめとする教学・思想も、どうやら経済を支えた貿易・幣制と軌を一にしていた。

広東の動向

だから福建にとどまらない。けだし広東《カントン》の学術・思想でも、同じことがいえそうである。もちろん両者は、同一の経過をたどっていない。朱子学を生み出した福建より豊かだったためか、あるいは中原・中華からいっそう遠隔だからなのか、広東は科挙でも、関連する学術・思想でも、目につく動きは遅かった。

もっとも朱子学が成立し各地に普及、定着して以降、しばらくは誰もほかの思想哲学を考えにくかったのであろう、活気を欠いていたのは、何も広東・沿海地域ばかりだったわけではない。

そうしたなか、一五世紀にほかならぬ広州で、きわだった思想家があらわれた。広州新会《しんかい》県出身の陳白沙《ちんはくさ》（陳献章《けんしょう》）である。朱子学の書物主義を脱却し、はじめて思索・実践の学をとなえて、先述のとおり明代に社会を風靡した心学・陽明学の先駆・先導となった。

異端と主流のはざまにいたのにくわえ、当代は遅れながらも次代の先導をになう。この陳白沙をはじめとして、どうやら広東の学術・思想ひいては政治にも、そんな特色がかいまみえ、とても興味深い。その様相は清代にいよいよ顕在化した。

まず当代主流の漢学＝考証学である。一八世紀の後半に長江デルタを中心に最盛期を迎えた学術ながら、広東への普及は最も遅い。本格的に伝わったのは、ようやく一九世紀に入ってからである。

その大きな契機は、当代随一の阮元《げんげん》という大学者が大官として広州に赴任し、学海堂《がくかいどう》という学校を作ったことにあった。当地エリートの子弟は、この名門の学海堂に入って科挙に応じるのが通例となる。以後の広東からは、傑出した知識人・思想家が輩出した。

広東はこの当時、産業革命を経た西洋諸国の来航貿易が急速に伸張し、また移民の流入が増加して珠江デルタの開発もすすんでいる。経済的な力量の増大が学術・思想の発展にも作用したことは疑いない。こうした移民も生存戦略で、積極的に勉学し科挙を受験した。

ただ凡百の科挙受験や漢学の踏襲で終わらなかったところに、広東ないし広東人の真骨頂があるというべきだろうか。学海堂に結集した知識人は、もちろん漢学・考証に長じた。けれどもそれだけにとどまらない。

学海堂の学長を三十年つとめた陳澧《ちんれい》という人物が好例だろうか。広州出身で一代の碩学であるかれは、あらゆる漢籍に通じながら、正統な儒学より、むしろ異端の諸子百家《しょしひゃっか》の研究で著名だった。

「諸子百家」とは今でこそ、中国古代文明の精華として、多様な先進的学術を指す名辞である。しかし中国史上の大部分は、必ずしもそうした概念ではなかった。むしろ儒教の発達をみない、「人倫」「道徳」の稀薄な、異端邪説がはびこった時代・情況とみなす。「諸」「百」というのは、多いからポジティヴなのではなく、雑多で蛇足、あくまでネガティヴなイメージだった。そんな評価が逆転したのは、じつにこの時代以降のことである。

考証学自体も時代が下ると、主流の経典や史書以外のジャンルを開拓しつつあり、諸子百家の研究もその一端ではあった。だとすれば、諸子学を得意とした陳澧のありようは、学究として広東の典型だったといえるかもしれない。

西洋と変法

当時の学術は、政治と不可分である。だから広東人はいよいよ政策・政権にも直接の影響を及ぼすにいたり、やがてその尖鋭に位置した。

時代はあたかも近代西欧が主導した世界経済の完成期・帝国主義の胚胎《はいたい》期である。いわゆる「西洋の衝撃《ウエスタン・インパクト》」が東アジアにも押し寄せてきた。その門戸・最前線にいたのが、つとにマカオをかかえ、西洋人を一手に引き受けていた広州《カントン》とその周辺である。

広東人は一九世紀の前半、さらに身をもって西洋貿易・アヘン戦争を経験した。以後も西洋人と最も多く接触、交流したのは、あらためていうまでもない。当初は経済的な方面に限られていたそれは、中国大陸の開港場で西洋人の居留・活動が恒常化するのにともなって、文化・思想にまで及んでくる。

諸子学が当初、その橋渡しになった。学理・思想の近代化・西洋化は、まず西洋の学術を諸子百家に附会、こじつけて理解することですすんだからである。諸子百家は数学や軍事など、儒教の学理では説明の難しい西洋の諸学にも合致する面が多かったので、受容の地ならしに応用できたし、陳澧が代表する諸子学の発展も、その流れに棹《さお》さしていた。

だからその段階では、なお体制イデオロギーの根幹をなす正統儒学とは関わりづらかった。実用・技術はともかく、制度・体制そのものの西洋化にいたらなかったのも、それが一因である。

恒久的な原理・本体として中華・儒教を維持し、間に合わせの実務・用途に西洋の学問を使う、と位置づけるのが通念だった。「中体西用《ちゅうたいせいよう》」と称したゆえんである。このあたり、同じ一九世紀の後半、「文明開化」の名のもと、西洋の直訳直輸入で国家全体の近代化を達成できた日本とは、まったく文化・社会のありようが異なっている。

ところが儒教そのものの見直しを迫る動きも、やがて強まってきた。公羊学《くようがく》がその典型で

康有為

ある。最も古い時代のオリジナルな儒教を究明しようとめざした学派で、孔子を教祖として尊崇し、進歩の観念をそなえていたから、キリスト教と通じる面もあった。その学統から広州出身の康有為《こうゆうい》、および梁啓超を筆頭とするその一派があらわれる。

康有為は独自の学説をとなえ、西洋の学術・思想・制度を儒教・公羊学に附会して、その受容を正当化した。果ては儒教を「孔（子）教」と称し、キリスト教化さえしようとして、終生その運動を続けている。

教理にとどまらない。そうした理論を政治の場にもちこんで、体制の変革をすすめた。いわゆる変法運動である。ここから中国の本格的な西洋国家化がはじまったのであり、その推進力は広東からもたらされた。一九世紀も最末期のことである。

革命の発祥と現在

以上は伝統的な学術・思想からの展開であって、なればこそ附会・こじつけが必要だった。当然もっとストレートな西洋受容、換言すれば伝統・既成観念を正面から否定、破壊する方向も存在する。これまた広東人《カントン》が先駆をなした。

移民出身の知識人が科挙受験に失敗してキリスト教から影響を受け、旧制に反撥して世を造りかえようとしたのが、太平天国《たいへいてんごく》である。首領の洪秀全《こうしゅうぜん》はじめ広東移民が率いる一大反乱だった。

新興宗教を奉じた武装結社の太平天国が、同時代に「粤匪《えっぴ》」と呼ばれたのは、広東の反逆者という意味で、「粤」とは古代の「越」と同じ、もっぱら広東を指す漢字である。一九世紀の半ばに長江流域を戦場にして、数千万もの犠牲者を出した大乱は、ほかならぬ広東が母胎だった。

海外を向いて国内に背く。旧制を否定して変革を提唱する。それでも分離はしない。これが近代広東の体質であって、中国近代史全体をリードした資質にほかならない。康有為らの変法運動も確かにその一環だったものの、同時代にはいっそう後世につながる動きが出てきた。「第二の洪秀全」「中国革命の父」と称せられた孫文《そんぶん》の登場である。

孫文はマカオに近い香山《こうざん》県出身だから、もちろん広東人《カントン》だった。香山県はいま孫文の別号にちなんで中山《ちゅうざん》市という。西洋列強の企業に関係する商工業者を多く輩出した土地柄であって、もちろん出身の海外華僑も少なくない。孫文もそんな類縁・空気を背景に成長し、香港で西洋式の教育を受け、つとに清朝の打倒をめざした。

かれ自身の活動は、中国大陸はもとより、日本もふくめ海外・世界をまたにかけた広汎な範囲に及ぶ。それでも実地の革命運動は、初期の武装蜂起にせよ、後年の軍政府組織にせよ、広州《カントン》近辺のローカルな規模に終始した。

つまり孫文は終生、広東を策源地として中央政府に対峙した叛徒《はんと》だったのである。しかも他方で、西洋の政治理論にもとづいた民族主義・民主集中制を導入して、革命の政権思想を先駆的に固めていた。

そこは正しく「中国革命の父」である。かれ自身は「父」ではあっても、決して革命そのものの成功者・実践者ではなかった。ローカルな反逆活動と全国政権の先駆という点で、これまた忠実に革新のふるさと・広東の体質をあらわした人物だったといえよう。

孫文が体現した広東の伝統的な特徴は、なお脈々と受け継がれた。二〇世紀の終わり、いわゆる「改革開放」の呼び水になったのは、香港・深圳《しんせん》という海外への門戸であり、「一国二制度」という内地とは異質の体制だったのである。

しかし海外と結んだ革新は、かつての「倭寇」・洪秀全・孫文のように、やがて弾圧の運命が待っていた。それなら香港の現状も、また広東の伝統を忠実になぞってはいないだろうか。福建の対岸にある台湾の運命はどうか。

かつて「瘴癘」「蛮地」と称した異境を、今そう呼ぶ者はいない。あくまで「神州」「一つの中国」である。それでもなお異郷というべき地がないわけではない。「一国二制度」が必要だったゆえんである。香港・台湾の現在に鑑みても、シナ海沿海の歴史はあらためて読みなおす必要があるのかもしれない。

陝西
河南
漢水
襄陽
神農架
安徽
重慶
湖北
宜昌
三峡ダム
武漢
荊州
赤壁の戦い遺跡
長江
湘水
岳陽
張家界
常徳
洞庭湖
江西
桃花源
長沙
湖南
韶山
懐化
貴州
邵陽
衡陽
炎帝陵
浙江
広西チワン族自治区
広東

6－1　現代の湖北・湖南

第6章 拚命《いのちがけ》――歴史を動かす内陸

1 荊州

「楚」の興亡

「江南」とは長江流域以南の謂《いい》である。ここまで長江の上流域・下流域、およびそれより南方の沿海地域をみてきた。「江南」をおおむね覆った観がある。

それでもなお余しているとすれば、ちょうど真ん中・長江の中流域だろうか。現代の湖北省・湖南省の地にあたる。最初にふれたし、しばしば言及もしてきた。けれどもまとめて取り上げることがなかったのは、やはり時系列的な序列による。ようやくじっくり見つめることのできる段階まで来た。あらためてさかのぼろう。

かつて春秋時代、長江中流域は楚国が蟠踞《ばんきょ》していた。紀元前六世紀末、すでに述べたとおり、下流域に勃興した呉の攻撃で、中流域の首邑《しゅゆう》・郢《えい》を失うものの、ほどなく立て直しに向かう。

のち戦国時代・前四世紀には、楚はあらためて長江中流域を本拠に、大国の地位を保っていた。数々の出土遺物がある。安徽省寿《じゅ》県から一九五七年に出土した青銅製の割符《わりふ》「鄂君啓《がくくんけい》節《せつ》」は、楚の懐王《かいおう》が前三二二年に作製を命じた交通免税証だった。銘文にある地名や交通路の比定から、広汎な免税適用範囲を設定、つまり湖北・湖南にまたがる広大な地域を統治していたことがわかる。また楚国の木簡「楚簡《そかん》」も出土しており、文字資料からその統治や文化の一端がうかがわれ、中原との異同も明らかになってきた。

この懐王は楚で最も著名な王であり、先述のとおり同じ時期に強大化した秦に敗れて囚われ、客死する悲劇の君主でもある。この主君に諫言《かんげん》をくりかえしたものの果たさず、秦への怨恨を募らせたのが、屈原《くつげん》という有力者だった。やがて秦の攻撃を受けた首都の陥落を目の当たりにし、祖国の悲運に絶望して汨羅《べきら》の淵《ふち》に身を投じる。時に前二七八年。楚の歌謡集『楚辞《そじ》』の作者といわれる屈原の生涯として伝わる顚末《てんまつ》である。

長江中流域の歴史は、いわばこの君臣が象徴する悲劇からはじまった。失意のうちに世を去った懐王と屈原のエピソードが暗示するのは、以後の長江中流域という土地空間そのもののなりゆきであろう。かれらの退場とともに、そこはほぼ歴史の主要な舞台ではなくなったからである。

西方・上流から進攻し郢を陥れた秦は、その近辺に南郡《なんぐん》を新たに置き、長江中流域を収めて自国の一部とした。南郡を所轄したのは江陵《こうりょう》県であって、そこは以後も湖北の一中心となる。

かたや本拠を失った楚は、下流に東遷して命脈を長らえる。むしろ北方の淮河《わいが》流域を本拠とする国に変質した。もはや長江中流域、湖北・湖南の国ではない。先述のような「呉楚」になってしまう。したがって秦を亡ぼす項羽の「楚」も、漢王朝・長安政府に背いた「呉楚七国」の「楚」も、かつて長江中流域に首邑を置いた楚とは異なる、別の国と考えたほうがよい。

それでも当地の別名・異称として、「楚」という名辞はかろうじて残った。のち復活するけれども、それはずいぶん後世のことになる。

秦漢

南郡の設置にはじまる秦政府の湖北・湖南に対する統治は、しかし容易ではなかったらしい。湖北省雲夢《うんぼう》県で出土した当時の木簡資料「秦簡《しんかん》」にも、秦の律令が現地の吏民になかなか浸透せず、在地の風俗や文化はあいかわらずだったという。

つまりこの地も、楚国在来の独自な習俗を保持した辺境にすぎなかった。けだし前章にみた「百越」、福建・広東の場合とほとんどかわらない。

それでも紀元前二一〇年に始皇帝が崩じ、秦末の動乱期になると、やはり中原に近かったからなのか、シナ海沿海地域とは異なる動きをみせた。沿海地域がほぼ自立観望していたのに対し、長江中流域は呉芮《ごぜい》という人物の統率のもと、秦政権に反旗を翻している。

呉芮は江西省の鄱陽湖《はようこ》のほとり・南昌《なんしょう》市近くの出身、呉王夫差《ふさ》の末裔という素性は、仮託だったにちがいない。地元の番《は》（鄱）陽《よう》県の知事をつとめ、人心を収攬《しゅうらん》して「番君《はくん》（鄱君）」と称せられた。秦の支配体制が揺らぐと、呉芮も各地の動向と呼応して、中央政府に背き、小勢力ながら一貫して、南方で人々を動員して活動したところに特徴がある。

呉芮は秦を亡ぼした項羽に味方したことで、現在の湖北・洞庭湖のほとり・衡山王《こうざんおう》に封ぜられた。まもなく項羽と対立した劉邦に従い、その覇業に貢献、前二〇四年の漢王朝成立とともに、湖南の湘水に臨む旧秦の長沙《ちょうさ》郡に移封されて「長沙王」となる。隣接する封建諸侯とも良好な関係を保ちつつ、治績をあげた。「長沙」は以後、湖南の中心をあらわす名称として、現在も存続している。

呉芮にはじまる長沙国は、その後も生き残った。異姓の諸侯王は高祖劉邦の代にほとんど取りつぶされたにもかかわらず、長沙国だけはそのまま、初代の呉芮から五代の命脈を保っている。つづく諸侯抑圧にも超然として、史上重大な「呉楚七国の乱」にも関わりはなかった。逆に中央の立場からすれば、放置してかまわない、どうでもよい辺境だったという意味でもあって、「卑湿《ひしつ》貧国」といわれている。

そんな長沙国は、一九七二年に発掘された馬王堆漢墓《まおうたいかんぼ》で一躍有名になった。被葬者の一人は長沙国の丞相《じょうしょう》だった利蒼《りそう》の夫人で、腐爛《ふらん》せず生前のような弾力の肌組織を保った遺体の状態だったという。木俑《ぼくよう》・什器《じゅうき》などの副葬品や数々の帛画《はくが》とともに注目を集めた。

だからといって、歴史的な役割・位置づけとは、やはり別の問題である。当時の長沙国は、あくまで辺境の諸侯王にすぎない。湖北・湖南は地位・力量ともにまだまだ弱小で、歴史の舞台にも主役にもなりえない存在だった。

「三国志」の舞台として

この地域ではかねて出土資料の発見が続いているので、それにもとづく歴史の書き換えも、大いにありうるだろう。その時が来るまでは、さしあたり従前のような文献史料による史実とその解釈を述べてゆくほかはない。

数百年続いた漢王朝治下の平和な時代は、有力者の勢力拡大をうながし、未開地の開発に拍車をかけた。とりわけ漢代末期・二世紀末は、気候変動による凶作飢饉で流亡の移民が激増し、暴動も頻発し治安の悪化が深刻になってくる。大乱が起こったのも、そうした情勢の所産であった。

そうした開発・動乱の波が、江南にも及んできた経緯は、すでに述べたとおりである。歴史の主流から久しく遠ざかっていたこの長江中流域も、ようやく存在感を高め、脚光を浴びる時代になってきた。

当時は「州」という広域行政区画の新設があり、現在の湖北湖南はまとめて「荊州《けいしゅう》」と称していた。西暦一九〇年にその荊州を治めるべく赴任したのが、劉表《りゅうひょう》という人物である。漢王朝の宗室の一人なので、蜀・益州に下向した劉焉《りゅうえん》と似た立場ながら、前後を通じて平穏無事だった益州とは異なり、劉表の荊州は難しい土地だった。

そもそも一九〇年という年は、幼帝を擁して中央政府を牛耳った董卓《とうたく》に対する討伐軍が挙兵、天下大乱が幕を開けた年である。荊州でも徒党を組んだ匪賊が横行し、治安悪化の極にあった。

劉表はそんななか、赴任早々に匪賊の首領をまとめて血祭りにあげ、漢水のほとりの要所・襄陽《じょうよう》を本拠として、荊州全域を鎮定する。以後ほぼ二十年、もっぱら内治に意を注いで、兵十万を常備して外敵の侵入を撃退しながら、域外の騒乱に介入していない。一種の局外中立を保って、任地の平和を現出した。傑出した統治だったといってよい。

中原はすでに群雄割拠の戦乱で荒廃していたから、平穏で距離も遠くない襄陽一帯に、名士・文人が多く難を逃れて来る。諸葛亮もそんな知識人の一人だったし、劉備も例に漏れない。平和な荊州であればこその二人の結びつきではあった。「三国志」の物語は以後、この荊州を軸に展開する。

劉表が二〇八年に逝去すると、荊州の施政を相続した後継者たちは、すでに中原の覇権を握っていた曹操に帰順した。しかし東隣の孫権は、敗残の劉備と連合して曹操と対決、いわゆる赤壁の戦いに勝利する。そこで荊州の帰属がにわかに問題となった。

いったんは劉備が占拠し、ここを足がかりに益州・蜀を征服し、曹操に対抗する形勢となったから、いわゆる「天下三分の計」どおりの推移である。しかし二一九年、北征して中原を脅かした関羽が、襄陽の対岸の樊城《はんじょう》で敗れ、孫権に討たれると、襄陽一帯は曹操の魏が領有し、江陵・南郡を中心とする荊州の大部分は、孫権に帰した。三年後、皇帝に即位した劉備が関羽の復讐・荊州の奪還をめざし、長江を下って進攻するも、夷陵《いりょう》の戦いで呉の陸《りく》遜《そん》に撃退されている。

「三国志」のクライマックスは、このように荊州を舞台とした。劉表時代の多元的な勢力均衡が崩れ去って、新たな三国鼎立の形勢にいたるプロセスでもある。

荊州は長江流域の中間を占める東西、かつまた中原と江南の切り結ぶ南北の要衝を兼ね有する位置を占めていた。襄陽を取れば南北を制し、江陵を取れば長江流域全体を動かすことができる。関羽が曹魏・孫呉に挟撃されて最期を迎えた悲劇は、そんな荊州の地政学的な重要性をまざまざとみせつけるものでもあった。

六朝から唐へ

とはいうものの、それがとりもなおさず、荊州・長江中流域それ自体の実力が向上したことにはならない。実地の政治力・経済力は、やはり自ずから別の問題である。

もとより人口は増え、以前よりも開発がすすんだことにちがいはあるまい。さもなくば、大きな軍隊を動かす戦場になりえなかったはずである。しかし他と遜色ない地位にまでのぼったとは、とてもいえない。

劉表の時代に自立できていたのは、隣接する中原も江南も、群雄割拠の騒乱状態にあったからである。赤壁以後は、外部勢力の争奪ばかりだった。軍事交通の要衝だから、歴史の舞台になりえたのである。たとえば同じ荊州に属していても、かつて長沙国だった湖南地方は、まったく湖北の情勢に追随するのみ、劉備も孫権も関羽もそこに関心を示さず、ほとんど存在感はなかった。

「三国志」のヤマ場・赤壁の戦いから関羽の悲劇に及ぶ物語は、確かに華々しい。しかし小説的な修辞を濾過《ろか》して、上のように一般化すれば、その構図は以後の歴史過程にも、およそ継続していることがわかる。

曹魏に取って代わった晋王朝が、二八〇年に「三国」を統一した。しかしそれから四十年も保たずに滅亡、一族が孫呉の旧領「東南半壁」にたてこもり「東晋」として存続する。

東晋は中原を占拠した五胡政権と対峙せねばならなかった。そのため首都建康の所在した長江下流域に「北府《ほくふ》」という強力な軍事拠点を置いたのは、すでに述べたとおりである。

それだけにとどまらない。中原中央に近い長江中流域も戦略上の要地として、江陵や襄陽にその方面軍の基地を置いている。「西府《せいふ》」といい、駐在した軍事力も北府に劣らなかったから、政情の不安もそこから起こった。流亡政権の建康政府は弱体だったため、西府の司令官が野心を抱いたりすると、荊州が反乱の策源地になる。

たとえば桓温《かんおん》という人物は、その典型である。四世紀半ば、西隣の蜀を占拠していたチベット系の氐族《ていぞく》政権を亡ぼし、また北上して中原の旧都・洛陽を一時占領したので、威名並ぶ無き勢力を誇った。政権奪取をもくろんだけれども果たさず、三七三年に逝去する。

桓温の息子の桓玄《かんげん》は父親から、司令官の地位ばかりでなく野心も後継した。四〇三年に内乱討伐を口実に、西府から長江を攻め下って建康を占拠し、即位にまで及ぶ。この桓玄を討って権勢を掌握し、やがて南朝を開いたのが、北府の司令官の劉裕だった。

このように「六朝」時代の長江中流域・荊州は、いわば南北・東西に拠る勢力のバランサーの役割を演じている。江南全域を制するには、中流域の確保が要件だった。下流域はここを押さえれば安泰、失うと脅威に感じる。

桓温父子の事例は、いわば関羽の敗亡と同じ構図、地政学的な真理なのであって、だから以後も、類似の事例が継起した。六世紀はじめ、梁の武帝の政権獲得も、同世紀末の隋文帝の南朝制圧も、やはり同じ図式でとらえてよい。

はるか後代も然りである。一三世紀後半にモンゴル帝国の英主クビライと南宋末の宰相・賈似道《かじどう》が対峙したのが、まず鄂州《がくしゅう》、のちに襄陽・樊城《はんじょう》であった。後者で敗れて、南宋は滅亡する。前者の鄂州とは、長江と漢水の合流地にある都市であり、やはり「三国志」の時代から要衝の地だった。のち武昌《ぶしょう》と呼ばれ、今の武漢市の中心をしめる。

もっとも江南が中原と政治的軍事的に対立しないのなら、前提条件は異なる。七世紀以降の隋唐時代は、南北の分立対峙から分業共存に転換したため、そのはざまに位置する長江中流域も、要衝としての地位は自ずから低下し、ふたたび目立たない存在に回帰していった。その間に新たな様相をみせる準備を整える。

6－2　元和年間の藩鎮（節度使・観察使）

2　湖広

谷間の存在

長江中流域は唐代三百年、いわばほぼ鳴りを潜める情勢が続いた。ほとんど言及がないのは、しかし何の動きもなかったという意味ではない。政治・軍事上の顕在的な事件はなくとも、社会・経済上の潜在的な発展はむしろすすんでいたとみるべきであろう。とりわけいわゆる唐宋変革、九世紀以降の大きな変動に、そこだけ無縁だったとは考えにくい。

まず視覚的に一望してみよう。九世紀はじめ、元和《げんな》年間に各地を所轄した節度使その他の藩鎮《はんちん》の分布をみると（6‐2）、かつての荊州にあたる地域は、およそ四分された。襄州《じょうしゅう》つまり襄陽を中心とする「山南東道」、鄂州《がくしゅう》一帯の「鄂岳」、南郡＝江陵《こうりょう》と周辺の「荊南《けいなん》」、そして洞庭湖《どうていこ》以南の長沙＝潭州《たんしゅう》を首邑とする「湖南」である。

当時それぞれの政治的軍事的な重要性を如実に示している。すでに述べてきたように、現在の湖北省に属する襄州・江陵・鄂州の三都市は、押さえるかどうかで、南北東西の帰趨を左右する地ではあった。

それればかりではない。さらに「湖南」の分岐もある。この時期はどうやら、湖北に追随するばかりだった従前とは異なる様相があらわれていた。

それでも長江中流域は、なお後進地ではある。上で紹介したとおり、唐代後半は「揚一益二」、最も栄えた都市は揚州で、それに次ぐのが益州、すなわち四川の成都だった。つまり開発がすすんで経済も伸びたのは、長江沿いでは下流域のいわゆる江淮《こうわい》地方、および上流の蜀・四川地方で、両者の中心をなす大都市が当代一流の繁華を誇った。それに対し、中流域はやはり谷間というべきか。まだまだ立ち後れていたのである。

とりわけ湖南が然り。象徴的なのは、たとえば唐宋八大家の文豪・柳宗元の短い生涯で、八世紀末から九世紀はじめにあたる。かれは左遷の憂き目に遭い、開発の及んでいない南方で人生の大半を過ごした。早世した原因ともいわれるほどである。なかでも湖南の永州《えいしゅう》での謫居《たっきょ》生活は、十年間に及んだ。そこで山水描写の独自の作風を確立したという。

永州は湖南でも辺鄙《へんぴ》な山間部にあたるものの、当時は首邑の潭州ほか、いくつかの例外を除けば、さほど大差なかったにちがいない。文人エリートなら通常は訪れない土地であって、希有の才能が異郷に琢磨《たくま》された境地というべきなのだろう。

南平

それからおよそ百年、唐王朝は滅亡し、いわゆる「五代十国」の乱世に入る。その「十国」のうち、中原の「五代」王朝の向こうを張って同格の「皇帝」と称したのは、長江下流域の呉・南唐と上流域の前蜀・後蜀だった。

やはり「揚一益二」と同じく、独立政権としても一、二を争う位置づけである。それに対し中流域は、やはり弱小の谷間だった。

しかしながら唐宋変革のクライマックスを示す「十国」の歴史は、長江中流域にとっても一大画期であった。春秋時代の楚、劉表時代と数百年のインターバルを経て、三たび政治的に自立をみた時代だったからである。

北の「五代」王朝・東の南唐・西の蜀という三皇帝のはざまに位置したにもかかわらず、いな、むしろそのゆえであろうか、長江中流域は半世紀にわたって、曲がりなりにも政権を維持した。この点だけでも、すでに六朝とは時代のちがうことを示している。しかも百年前の6-2の藩鎮分布の形勢と同じく、三分した湖北と湖南の分離は、いっそうみのがせない。

湖北の勢力は「荊南《けいなん》」ないし「南平《なんへい》」という。前者はもともとの節度使の肩書、後者は新たに任命を受けた王号にちなむ「国」名だった。始祖は高季昌《こうきしょう》、のち改名して高季興《きこう》という人物である。もともと大唐帝国を滅亡においこんだ朱全忠の部将で、その方面軍を引き受け、朱全忠歿後に南平王となった。この王号はかれと息子の高従誨《こうじゅうかい》・孫の高保融《こうほゆう》の三代に及んで、「十国」の一つに数えるものの、列国の実質はなかったとみたほうがよい。

とにかく最小最弱、東の鄂州は呉・南唐に、北の襄州は中原王朝に帰し、確保したのは江陵一帯の三州だけ、元来の荊南節度使の所轄からしても、はるかに狭小である。そのあたりの事情を史書は以下のように描いている。


荊南は地が狭く兵も弱い。高季興の代、各地のやりとりする贈答品が領内を通ると、必ず掠奪した。書状で抗議、兵力で威嚇を受けると、やむをえず返還するものの、まったく恥じることがない。高従誨の代になると、中原に拠った王朝が次々かわったばかりか、南漢・閩・呉・蜀もみな皇帝を称したため、かれは賜予《ひきでもの》を目当てに、皇帝なら誰彼かまわず臣礼をとった。諸国は「無頼《ぶらい》の高」と呼んで蔑んだ。

「無頼」とは、手段を選ばぬ、反復常ない恥知らず、という意味である。忠節という大義名分の儒教道徳からすれば、侮蔑の対象にほかならない。しかし外交としては、むしろ巧妙狡猾というべきで、自立勢力の証でもある。

しかも南平の境域は、南北東西の十字路に位置していたので、諸大国の緩衝地のみならず商業貿易の要地にもなりえた。江陵には当代最大の茶市があり、商人は全土からここに集まって茶を買い求めている。他国が立ち入った侵攻を控えたのも、史料にみえづらいながら、そうした経済的な利害があったからなのかもしれない。

楚の興亡

その茶で著名なのが、南平の南に隣接する「楚」だった。独立勢力の国名として、久々の登場といえる。建国者は馬殷《ばいん》という人物で、もともとは唐末の大乱を起こした黄巣・秦宗権の勢力をひきついで揚州を占拠した賊将・孫儒《そんじゅ》の部下であった。江西方面に軍をすすめたさなか、孫儒が亡んだので、そのまま自立、最も近辺で防備の薄かった洞庭湖以南の平野に入って一帯を平定する。唐の亡んだ九〇七年、楚王に封ぜられた。

かれは以後、四半世紀に垂《なんな》んとする治世、貧しい自国領の経済発展につとめている。国産の充実で輸出立国をめざしたふしがあって、一種の経済通だったといってよい。

その最たる施策が茶の生産・輸出であった。のち世界的にも著名な特産になる湖南茶は、このあたりに起源する。当時の楚は中原王朝の都・開封をはじめ、要地に出先のマーケットを置いて、売り込みに力を尽くした。

茶輸出の見返りとして多かったのは、戦馬のほかに布帛の買い付けである。絹や衣類を輸入したのは、おそらく農民が養蚕より利益の大きい茶業を選好したからであり、馬殷はそこで、銭のかわりに絹で税金を納めさせて、養蚕の振興をはかった。そのほか、海外から伝来したのであろう、福建・広東におこっていた木綿の栽培・生産を移入し、当時の中原王朝への献上品としたという記録もみえる。

さらに領内の商業税を免じるとともに、国内限りで通用する低品位の鉛鉄銭を発行した。この銭は国外では使えないので、商人は銭を物にかえて出国したから、いよいよ輸出に資する。

すでに述べたとおり、この鉛鉄銭は閩・南漢で発行していた貨幣で、その模倣追随だったとも考えられる。馬殷は隣接する南漢の帝室と婚姻まで通じていた。海外に通じる広東の南漢は、湖南の楚が中国内地への交通の幹線にあたり、また楚にとっては、安全保障上もっとも重視しなくてはならない相手だった。関係は深まらざるをえず、幣制も影響を受けておかしくない。経済的に利益があがるのであれば、なおさらだろう。

馬殷は九三〇年に逝去、享年七十九。その統治で自立富強を果たした楚は、やはり「十国」の典型でもあった。つまり英明な開祖を嗣《つ》ぐ暗愚な次代、その骨肉相食《は》む争いで亡国にいたるパターンである。

上にみた福建の閩が、そうだった。経済景況も政治経過も近い。開発が遅れ、茶が特産としてあらわれ、鉛鉄銭を流通させたところまで同じである。経済経営が成功したからこそ、王位・政権を争いたくなったのかもしれない。隣国がつけこんで侵攻し、滅亡にいたった末路も、軌を一にする。『資治通鑑』が亡国の経過を詳述するのも、両者かわらない。

楚は馬殷の代に友好を保っていた南漢の攻撃で、連州・桂州など現在の桂林一帯にあたる南方を奪われ、また同時に東隣の大国・南唐に降伏した。

それでも楚の残存勢力は、南唐の進駐軍を駆逐し、なお自立をはかろうとしている。六朝時代とは異なり、この地域のまとまり・独自性が確立していたといってよい。

荊湖から湖広へ

南平と楚、つまり湖北と湖南は「五代十国」の時代でこそ、政治的な自立を保てていた。しかし一〇世紀も後半に入ると、時代は明らかにかわってくる。

「五代」最後の王朝政権・後周とそれを継いだ宋が、隔絶した軍事力・経済力で圧迫を加えたからであり、最大最強の南唐をはじめ、南方の「十国」はすべて併呑された。長江中流域の小国など、ひとたまりもない。以後も政治的な自立を果たすことはなかった。

しかし政治的な自立喪失が、とりもなおさず社会経済的なそれを意味したわけではない。旧「十国」はおおむね分水嶺を境に、河川域をそれぞれ領有していたから、かつての政治的な国境は、経済地理的な境界に転化し、国内の行政区分として機能する。境界にとどまらず、現行の省名も江西省など、当時にはじまるものが多い。南平と楚も例外ではなく、宋代はそれぞれ荊《けい》湖《こ》北路・荊湖南路といい、縮約すればやはり「湖北」「湖南」となる。

その湖北・湖南は宋以後、別の文脈で存在感を増してくる。むしろ本格的な開発の歴史といえばよいだろうか。宋代にかなった泰平で経済発展がすすんだのである。とはいえ、そんないきさつを具体的に語ってくれる史料はごく少ない。

山がちなこの地域では、渓谷にできた盆地、ないし狭隘な平地が散在し、そこに居住していた非漢人の集団が少なくなかった。やはり「蛮」という称呼で漢語の記録に出てくる。六朝の時期からその処遇・統治は、政権の課題ではあった。

長江下流域の開発にともなう「蛮」との衝突については、すでにふれたとおりである。中流域についても、同様の事例は皆無ではない。大まかにいえば、広東・福建など海濱の辺境の例に漏れず、反抗せずに帰順すれば、自治に委ねるというのが基本的な対応だった。しかし唐宋にかけて目立ってくる局面は、そうした「蛮」の「帰服」である。

一二世紀から一三世紀は、中国本土で著しい人口増加がみられた時代で、しかもそれが南方に集中していた。最も生産力のある長江下流域の占めた割合が高いのはいうまでもない。しかしそこから溢れた人々が未開の地に入植するのも、また当然の趨勢であろう。

かくて長江中流域に漢人移民の入植が盛んとなり、先住の「蛮」を同化ないし駆逐した結果が、いわゆる王朝政権への帰服とみられ、そうした過程で、盆地・扇状地など微高地の農地開拓が進行していった。それこそ長江下流域でいえば、六朝の時期にすすんだプロセスである。中流域では唐宋変革を経て、それがようやく本格化してきたとみてもよい。

唐宋変革から南宋までの同じ時期、長江下流域では低湿地の水田化が急速に進展し、生産力が大いに向上した。人口の増加を支えた原動力でもある。

こうした低地開発は、日本列島では一六世紀以降にすすんだ過程であり、江南デルタは比較して、一サイクル先んじていた。そしてじつに列島と雁行《がんこう》したともいえる存在が長江中流域で、すでにみた「湖広熟すれば天下足る」である。同時期の日本と同じ、低湿地の水田化だった。日本史とパラレルな農地開発だったのは興味深い。

もちろん日本とは、異同もある。米穀の需給が列島内で完結した日本では、農地拡大・生産増大がそのまま現地の人口増を結果した。それに対し、江南デルタとの交通が至便だった「湖広」は、生産を増した米穀を、工業化した下流域の人口増加を支えるべく搬出し、穀倉の役割を担っている。「湖広」自体の人口は、なお相対的に少ないままだった。

このとき低湿地の水田化が著しかったのは、湖北である。湖南とりわけ洞庭湖周辺も、開発はすすんだものの、なお未開地、いわば伸びしろを少なからず残していた。一七世紀以降も移民の受け入れと開拓が継続してゆく。

長江中流域は唐宋時代、「荊湖《けいこ》」と称した。後漢・三国時代の「荊州」から継続した字面ともいえ、そんな事情は経済的にもあてはまる。微高地・「蛮」地の開発が続いた時期であった。

当地はモンゴル時代、「湖広」と改称している。これはもと湖南と広西を合わせた地名だった。けれども援用した明朝以降は、湖北・湖南の範囲を包括して「湖広」と称し、清代に名実とも「湖北」「湖南」の二省に分かれても、その総称は久しく残る。

名は体をあらわすのか、この改名は奇《く》しくも開発の変化にも応じていた。「湖広」の場合、開発とは「荊湖」時代と異なる低湿地の水田化であり、穀倉化を意味したのである。

3　縮図

明清交代から「康熙乾隆」へ

一六世紀のいわゆる大航海時代は、とりもなおさずグローバル化・世界経済の始動であり、同時代の東アジア全域にわたる地域間分業の形成をもうながした。そしてそれに応じて生じた江南全体の変動は、「湖広熟すれば天下足る」という成句が象徴するように、湖北・湖南の開発・変貌を一つの中軸とする。それはまた湖北・湖南それ自体の以後の動向を左右する前提でもあった。

ついで訪れたのは、災害・不況にともなう世界規模の「一七世紀の危機」である。中国でも大乱のすえ、明清の政権交代をひきおこし、おびただしい人に犠牲を強い、広大な土地が荒廃した。四川などはすでに述べたとおり、人煙が絶えたといわれるほどの災禍に遭っている。

「湖広」がダメージを受けなかったわけではない。けれども「危機」が去れば回復も速く、荒廃を極め人口が激減した四川にも、やがて絶え間なく人々を供給しはじめた。いわゆる「湖広填川《こうてんせん》」、湖北・湖南の移民が「川を填《うず》めた」というとおりである。そうした情勢は一六八〇年代から一八一〇年代にすすんだ。中国史の元号でいえば、およそ「康熙乾隆《こうきけんりゅう》」、すなわち清朝の全盛時代である。

それはおおむね西洋史でいう「長い一八世紀」に重なり、欧米はこの間、近代化という一大変貌を遂げた。そのトップランナーはイギリス。科学革命・軍事革命・商業革命を経、軍事・財政を厖大に動員できるシステムを作りあげ、まもなく「産業革命」も開始した。イギリスはじめ欧米諸国は、各々自国を近代国家へ作り替え、資本主義・世界経済を完成させてゆく。

「長い一八世紀」は東アジアにも大きな影響を与えた。富強化したイギリスが広州《カントン》にやって来て莫大な茶・生糸を買い付け、中国に銀を流し込んだからである。

一七世紀の中国は内乱と貿易の衰退で、不況に陥っていた。一六八〇年代ころから景気が回復をはじめ、一八世紀の後半には大量の銀流入で、未曽有の好況と繁栄を享受する。

富民はいよいよ富み、貧民もそれなりに暮らしやすくなった。そこで起こったのが、人口の増加である。グラフ3-2（96頁）でみたとおり、従来とは異次元のペースとスケール、前後百年間で四倍になった。ごく概数でいえば、一億から四億である。爆発と称すべき急増ぶりだった。世界史上未曽有の西洋近代の経済力が惹起した事態でもある。

既存の開発地は住民がひしめき飽和状態にあったので、人口爆発は未開地・荒廃地へのおびただしい移民を生み出した。「湖広塡川」もその一環である。

内憂外患

ところが統治機構は、そうした情勢変化にみあう拡大・改編をしていない。およそ一七世紀のままである。権力は安定を失った社会を把握、統制しきれず、官庁は累積する事案の処理機能を失い、民間では物理的な力によるしか紛争解決の方途がなくなり、暴力がまかり通る弱肉強食の社会と化した。

そんな「康熙乾隆」の末路が顕在化したのは、一七九六年にはじまった白蓮《びゃくれん》教徒の反乱である。中国・江南はこの騒乱を皮切りに、内憂外患の時代に入った。

白蓮教とは無生老母《むしょうろうぼ》の信仰と終末の救済を説く、いわゆる淫祀邪教である。湖北・四川・陝西の三省の境界をなす山岳地帯の移住者・入植民の間に広まった。既存の住民・当局と紛争を起こしがちな新来移民が、相互扶助のため体制教学とは異なった白蓮教信仰で結束、政権側に反抗して蜂起にいたる。

従前の社会矛盾の噴出と治安維持の無効を露呈した反乱だった。鎮定にあたった常備軍は、平和に慣れ役に立たなかったため、新たに民間の自警団を組織動員し、十年近くかかって、ようやく鎮圧にこぎつけている。

だからこの擾乱だけで終わらない。治安悪化のなか、民間の武装化は増殖の一途をたどった。存在があたりまえと化したローカルな武装集団が、社会不安を助長する。内の不穏はやがて外の脅威と結びつき、イギリスを筆頭とする西洋列強も、そこに関わってきた。

「康熙乾隆」に好況・繁栄をもたらした貿易が、産業革命にともなうインドアヘンの密輸で変化をきたしたからである。かつて茶の輸出で中国に入っていた銀は一転、輸入アヘンの対価として流出し、銀価が高騰した。またアヘンは禁制品の麻薬だったから、密輸には中国内に受け入れる地下組織が必要である。こうした反政府の武装組織は一般商品とほぼ同じアヘンの販路、つまり広州《カントン》から湖南省・江西省を経て長江筋に出る経路で増殖した。

そうしたアヘン密輸をめぐる紛糾から、中英アヘン戦争が勃発する。その結果、広州以北の四港を開放したことで、茶・アヘンなど主要貿易品の流通経路がかわった。とりわけ大きな影響を受けたのは、広州と内地をつなぐ位置にあった湖南である。当地の商品流通は激減、不況から社会不安が高まり、地下武装組織がいよいよはびこってきた。そうした時機に近隣で起こったのが、太平天国の蜂起である。時に一八五一年はじめ。

太平天国はすでに紹介したとおり、キリスト教の影響を受けた新興宗教・上帝教の信仰で結集した移民広東《カントン》人の武装組織である。広西省桂平《けいへい》県金田《きんでん》村で決起、清朝政府と交戦状態に入った。広西省を転戦して一年三ヵ月、隣接する湖南に入った一万人程度の太平軍は、半年ほど湖南各地を攻撃しつつ北上、洞庭湖をわたって北岸の岳州《がくしゅう》を占拠する。なおも北に向かい、湖南を出て湖北に入った。

かくて長江筋に出た太平天国は、数十万にのぼる勢力である。湖南の転戦を通じた膨張にほかならない。増殖していた現地の武装組織は、大半が太平天国に合流したといわれる。

一八五三年一月に湖北の省都武昌を陥れ、わずか二ヵ月後の三月一九日、江南の中心地・南京を占領し本拠とした。もはや武装教団ではない。長江流域の反体制勢力を糾合した一大国家である。

曾国藩

曾国藩という転機

太平天国はそれから十一年後、一八六四年に滅亡した。亡ぼしたのは曾国藩《そうこくはん》、湖南省湘郷《しょうきょう》県出身の文人エリート官僚である。太平天国の騒乱勃発時は、北京政府の顕《けん》官《かん》だった。服喪のため下っていた地元で義勇軍を組織、その私軍を指揮して、長江流域で太平天国と交戦をくりかえす。

十年の激戦の末、南京を奪還した曾国藩は、もちろん勲功《くんこう》第一、以後の官界とりわけ江南の要職は、その縁故が牛耳ることになった。そればかりではない。かれの生み出した私軍による治安維持、ひいては軍政不可分の体制が以後の中国政治の根幹をなした。

太平天国は別名「粤匪《えっぴ》」、広東人の叛徒である。生みの親・首脳は広東人にまちがいない。しかし育ての親・培養した主力は、むしろ湖南人である。そして太平天国を殲滅《せんめつ》したのも、じつに湖南人だった。湖南は一九世紀の半ばにいたって、爆発的なエネルギーで中国史を動かしたわけである。

太平天国を育み葬った湖南は、上にみてきたとおり、政治的にほとんど目立たない地方だった。要衝の地で争奪の的になってきた北隣の湖北省と対蹠的で、史上久しくその附随的な位置づけでしかない。経済的にも開発が最も遅い新開地であり、一七世紀には財力の最も乏しい省の一つとみなされていた。

一八世紀には移住農民の開拓がすすみ、有数の米穀産出地域となるものの、増産以上のペースで人口は増加したから、一人あたりの貧困は改善していない。湖南人はかくてつねに精勤・労苦・忍耐を強いられた。そこから湖南人といえば、「命を拚《なげう》つ」、身一つの徒手空拳、命しか出すものがない、という。一身を顧みない不屈の兵員を供給して、武装組織・義勇軍の根源地になったのも、当然だったのかもしれない。

そんな湖南人が太平天国に深く関わった。先進地の都会人のような淡泊滑脱狡猾、保身第一ではない。愚直にして執拗《しつよう》徹底、いつも命がけの本気である。だから湖南人どうしが武装し、敵味方に分かれて江南を争った騒乱は、数千万の犠牲者を出す凄惨な殺戮とならざるをえなかった。

それでもこのたびは、体制側が叛徒を撃滅しただけである。曾国藩はじめ、権力を掌握した湖南人がいた一方で、あらためて地下に潜伏した湖南人も少なくない。したがって太平天国にはじまる湖南の順逆相剋の構図は、以後も継続し政治史の一大潮流にもなる。

王夫之から毛沢東まで

ふたたび梁啓超の論評を引いてみよう。

二千年来、湖南を用いたのは、蕭銑《しょうせん》と馬殷しかいなかった。

二人とも日本人はよく知らないだろう。そのため馬殷は、上で紹介した。蕭銑はいよいよ知名度が低い。隋の煬帝のころの人である。隋を滅亡させた大乱にさいし、岳州で自立し、唐に亡ぼされた群雄だった。これだけしかいないとなれば、歴史に明るい梁啓超からみても、湖南はごく地味な日陰《ひかげ》の存在にすぎない。

ところが一九世紀半ば以降、「にわかに起こった」曾国藩の勢力が中国各地を平定、その「声誉《せいよ》」は四方を震撼《しんかん》した。「湖南人が全国に大なる影響を及ぼしたのは、じつに五十年以上をさかのぼらない」と梁啓超は断じる。

目立たぬ貧困の地から、脚光浴びる権力の座へ、劇的な転身ともいってよい。もっともすべて曾国藩が転機であり、そこで湖南が突然変異したとみては、いかにも武断的に失する。傑出した湖南人が先輩・先達としていなかったわけではない。陶澍《とうじゅ》・魏源《ぎげん》は改革家として、ことに著名であろう。また曾国藩の名があらわれたのは、李鴻章《りこうしょう》や曾紀澤《そうきたく》ら弟子・後継者に恵まれた側面もあった。後進の育成も当然、本人の事績に数えるべきことではありながら、先達もふくめて考えれば、湖南の地位上昇には湖南なりの系譜があったのである。曾国藩もそこに連なる一人で、ピークに位置したとみなすほうがよい。

そのように考えてみると、系譜の出発点をなすのは、一七世紀の明清交代を体験した学者・王夫之《おうふうし》であろうか。上にふれた顧炎武と同時代人である。しかし湖南という田舎住まいの王夫之には、経済文化の中枢・第一の都会・蘇州出身で、最先端の考証経学を創始した顧炎武のようなマネはできない。むしろ古い朱子学を受け継ぎ、史書の読み直しを重んじた碩学だった。

それでも時代思潮は共通する。王夫之も顧炎武と同じく、ドラスティックな体制変革を構想すると同時に、それ以上の過激な攘夷思想を抱いた。朱子学的な華夷《かい》思想は、最も伝統守旧であるから、これまた「近代思惟の挫折」を象徴する顧炎武と同様、新旧同居する矛盾を内包した存在だったのである。

満洲人の君臨に対する憤懣《ふんまん》を綴《つづ》った王夫之の著述は、もちろん清朝政権の下ではタブー、埋もれて知られてこなかった。これを世に出したのは、じつに清朝中興の功臣・曾国藩その人である。かれは太平天国との交戦中から、同郷の知識人を動員して、王夫之の全集『船山《せんざん》遺書《いしょ》』の復刻をはじめ、数年がかりで刊行を完結させた。

王夫之

郷里の先儒を顕彰するお国自慢にとどまらないとすれば、ねらい・真意はよくわからない。ただ少なくとも、曾国藩本人に王夫之と近似する性向があったことは確かである。体制教学を信奉しながら、新思想にも理解を示したし、北京政府に献身的につかえながら、従順ばかりだったともいえない。清朝に取って代わる噂《うわさ》も、一再ならず流れた。さすがに王朝交代は実現しなかったけれども、まちがいなく既成の旧体制を作り替えてはいる。新旧同居という点では、両者どうやら同じだった。

だとすれば王夫之・曾国藩にとどまらない。多かれ少なかれ湖南の人士の共有する特質だった。一人で兼ね備える場合もあれば、新旧それぞれに対峙した場合もある。先には一九世紀の前半、魏源らの微温的な改革思想しかり、後には同世紀最末期、康有為一派の過激な変法をめぐって、在地の知識人の間で王先謙《おうせんけん》・葉徳輝《しょうとくき》らの守旧と譚嗣同《たんしどう》・唐才常《とうさいじょう》らの革新が対立した局面もあった。いずれも大なり小なり、曾国藩の再生した王夫之の思想が、はるかに影響している。

このようにみてくると、最も立ち後れていた湖南こそ、まさしく中国近現代史のふるさとであり、縮図でもあった。二〇世紀の中国革命も、そこはかわらない。

たとえば黄興《こうこう》・宋教仁《そうきょうじん》という辛亥《しんがい》革命の主翼をになった湖南人がいる。前者は清濁併せ呑む任侠《にんきょう》的な、むしろ旧型のリーダーであり、他とも妥協しがちだったのに対し、後者は議院制実現に邁進《まいしん》した尖鋭的な活動家であって、志半ばで政敵の刺客の手に斃れた。手を携えて革命運動を始めた同郷の二人ではありながら、このように新旧の共棲・乖離がある。

また同じ一九一〇年代、楊度《ようたく》という黄興と同世代の知識人は、立憲・帝制を支持して、宋教仁ら革命派と争った。ところが後には革命に傾斜し、果ては国民党にも共産党にも加入している。そうした転変の生涯も、湖南人らしい一つの類型を示すのかもしれない。

そんな新旧の対蹠的な並存は、時に曾国藩と太平天国のように、順逆の相剋・葛藤に転化する。掉尾《ちょうび》を飾るのが、毛沢東・劉少奇《りゅうしょうき》だろうか。ともに革命を成就し中華人民共和国を建設した、湖南人にして共産党首脳の二人がいきついたのは、一方が他方を断罪した文化大革命という結末である。それは新旧・順逆が揺れ動いて定まらない湖南、ひいては多様多元をまとめあぐねている中国全体を、そのまま映し出す史実なのかもしれない。

むすび——今みなおすべきは

北と南

中国史は黄河文明にはじまる。そこを当初から「中原」「中国」と表記、自称したこともふくめ、中国史の起源・出発はまちがいなく黄河流域の華北、つまり「北」にあった。そして中華人民共和国の首都も、北京である。いきついた現在も「北」が中央だといってよい。このように中国史とは、北で終始一貫している。

けれども、その「北」の履歴・推移だけでは、中国史は成立しない。中国史とは、北方中原に発祥した文明が南進した歴史でもある。かつまたその「南」が独自に発展してきた歴史でもあった。

そして「一つの中国」という概念が存在する以上、「南」を欠いた現代の「中国」は存在しえない。確かに中国の歴史は、「北」からはじまった。しかし現代中国は、「南」がなくてはじまらなかったのである。

北方から南進すれば、南北の関係が当然、焦点とならざるをえない。中国史は政治も経済も、大半はこの南北、つまり中原と江南の関係を基軸にすすんだ。春秋戦国の楚、漢代の呉楚、孫呉にはじまる「三国六朝」、隋の煬帝にはじまる大運河と江淮の開発で長命を保った唐、「五代十国」・南北両宋、そしてモンゴル帝国の征服から明朝の興起。以上の大まかな史実だけで、二千年以上、一四世紀の終わりまでたどれる。

一五世紀以降もかわらない。永楽帝が崛起《くっき》した靖難《せいなん》の変も然り。明清交代で清朝に制圧された南明もそうだし、二〇世紀に入れば、辛亥革命も国民革命も、南北政府の対立となった。あるいは日本の侵略も中国共産党の「解放」も、南北対立のそうした図式で理解できる。

南北はその字面と同じく、あらゆる点で対をなした。まず地理・気候が異なる。一方は平原・乾燥地域なのに対し、他方は山谷盆地にデルタで湿潤気候、したがって生業も、北は遊牧・畑作に従事し、やがては政治・軍事を得意としたのに対し、南は稲作で生計を立て、生産力を高めていった。ごく対蹠的である。

だから「南船北馬」といいならわすのも、単なる風景描写や修辞ではない。南北で分かれる現実の環境・生業・ライフスタイル・人生観・行動様式の差違をもあらわしている。

そんな自然的・生態的な条件は、技術革新に応じて変化をきたした。水の豊かな南方において、それは著しい。治水・水利の発達が生産力の増進をもたらし、農耕にとどまらない産業発展と経済成長をうながした。ついには自他ともに認める経済文化の中枢となる。

そしてそうした趨勢は、海上とのつながりに波及していった。遅くとも一六世紀以降は、グローバルに展開した新たな世界史のステージである。海に通じる江南のプレゼンスが東アジア全域、ひいては世界全体にも欠かせなかった。

だからこそ南北双方は、バラバラに分離、孤立していない。対極をなす位置にあって、しばしば分立対峙相剋の局面を経ながら、いな経ればこそ、交渉交流はとだえず、影響を及ぼしあい、互いがなくてはならぬ存在になってしまった。

履歴と現代

そうはいっても、やはり南北は別個に起源、出発した存在である。しかも南北各々のなかも、一つではありえない。江南もそれ自体、多元的な存在である。各地の個性は色濃い。

長江筋でいえば、上流の四川盆地と下流の河口デルタでは、まったく別天地だろう。同じ下流域の近隣する江蘇と浙江とでも、ちがいは顕著だし、それぞれの内部も然り。そもそも「江蘇」とは、江寧《こうねい》（＝南京）と蘇州を合わせた造語だし、浙江には上でも述べたとおり、「浙東」と「浙西」が存在した。各々互いの風土も気質も、およそ対蹠的だったのである。

長江筋でなければ、隣接する福建・広東でも、およそ同じではない。ともに沿海であるだけに共通性は顕著なため、本書でもまとめて取りあげた。それでも向いている方向もちがえば、立脚する土地柄も異なる。

最後に取りあげた湖北・湖南は、なかんづく異質だったかもしれない。しばしば歴史の焦点になってきた湖北のありようもさることながら、湖南も劣らず個性的な動きをみせる。史上ずっと雌伏、ようやく政治の表舞台に上がってきたのは一九世紀、しかしそれがまた爆発的なめざましさであって、以後およそ現在にいたるまで、一方の主役でありつづけた。

そんな江南の各地は、北方・中央政権すなわち「中原」「中国」との関係・距離感なども、それぞれに異なる。四川はおよそ一貫して、いわば離れの奥座敷だった。時代に応じて隣接する陝西・湖北・チベットとの関わりはあっても、中央・「中国」から遥かに遠い異境ではある。

上流域の四川とは逆に、下流域の江蘇・浙江は史上、ずっと中原・北方と対峙対抗してきた。春秋時代の呉・越以来、しばしば覇を争い、分立して相剋をくりかえしている。

ところが対立を続けてきた南北は、唐宋変革を通じて大運河でつながり、政治軍事・経済文化を分担分業しつつ協働し、モンゴル時代から明代に及んで不可分な枢軸を形成するにいたった。「中国」はそこで新たなステージを迎えたともいえる。

南方はそれ以降、世界経済と連結して膨脹を続けた。一八世紀以降の展開で人口爆発とともに、分岐格差は南と北よりも、沿海の枢軸と内陸の縁辺との間にいっそう顕在化してくる。そして海外の世界経済と直接不可分に結びついた海濱港湾地帯も、大陸全域の秩序維持をめざす政権・経済の枢軸、すなわち「中国」とは不即不離の微妙な関係になり、互いに依存しながら反撥しあう現象を呈した。

一六世紀の「倭寇的状況」にはじまった海外貿易・対外関係は、その典型である。一九世紀以降に顕在化する内憂外患の歴史、近代化の嶮《けわ》しい道のりは、そうした海濱世界の特性が構造的に継続した現象だった。もちろん中国革命もその現象に含んでよい。

沿海に発現した革新の実現普及は、そのため往々にして中央の政権・既存の体制に抗う結果になった。ともに広州《カントン》人だった、康有為の変法も孫文の革命も、そうである。革新が体制化するには、袁世凱《えんせいがい》のように清朝を乗っ取って「中国」を後継するか、蔣介石のように「浙江財閥」として江・浙に本拠を置くか、毛沢東のように長征を果たした上で北方から君臨するか、いずれにしても「中国」の枢軸に帰属せねばならなかった。

長江中流域の内陸が政治的に揺れ続いたのも、その個性を示している。古来あらわれた湖北は南北東西の十字路・要衝にあって空間的に、新開地の湖南は官民人士の新旧・順逆で社会的に、保守と変革のあいだで分岐転変をくりかえした。中国共産党の制覇と中華人民共和国の建国を導き、やがて文化大革命を発動した毛沢東が湖南人だったのも、偶然ではないといえようか。

日本人の中国観

これほどに多元多様である。それが「一つの中国」と呼号せねばならないゆえんであるとすれば、「一衣帯水」にいるわれわれ現代日本人は、その機微をどこまで承知しているだろうか。

日中の関係をあらわす定型句は、実態に即さない、いわばウソが少なくない。上の「一衣帯水」が、まずそうである。近隣に所在することの形容ながら、それでよくみえる、わかるとは限らない。

近世の「鎖国」時代はいわずもがな、古代の遣唐使にせよ、中世の勘合貿易にせよ、そうした日中の交流は決して頻繁、濃密なものではなかった。これは中国の外界、とりわけ海外に対する態度・姿勢も作用しており、たとえ距離的に近くとも、およそ疎遠なのである。つまりは互いをよく知らない。

「同文同種」もまた、そうである。「種」を人種とみて黄色人種というなら、確かに「同」じであるかもしれない。しかし言語風習・思想宗教を異にしているなら、およそちがう人間である。

「同文」もしたがって、ほぼ偽りだといってよい。母語に同じく漢字を有するというだけなら、確かに正しい。しかし中国での漢字漢語の発音・意義・用法に通じた日本人は、驚くほど少ないし、いまや簡体字と常用漢字で、字面すら大きくちがってきている。逆もまた真、中国人からみた日本語も、そうにちがいない。「同」の側面はおよそ希少なのである。

それでも日本からすれば、最も近い、最も交わりの多い国は古来、やはり中国だった。ここに逆説《パラドックス》があり、また錯覚・誤解も生じる。

中国に学び、中国と向き合うことで、日本人は日本を作りあげてきた。文字・宗教・制度のコピーにはじまる古代史、経済的な紐帯が太くなって貿易交流の密度の高まった中世史、往来は疎遠になりながらも文化の理解を深めた近世史、政治的に対立し干戈《かんか》まで交えた近代史。日本の歴史は好むと好まざるとにかかわらず、ほとんど中国とともにあった。

それはまちがいない。しかしその中国は、一言で「中国」と片づけてしまってよいのか。日本人が古来とりいれ、今も日本に息づいている古典文化の源流は、じつに多く江南に由来した。漢字に「呉音」があり、服装に「呉服」がある。儒教の朱子学・陽明学も仏教の宗派も然り。書道も絵画もそうだろうか。

そもそも「日出《ひい》づる処《ところ》」の列島の黎明にあたって、大陸は「日の没《くれ》する処」、すなわち

「呉《くれ》」であったし、近世の日本も中国・海外の異称は「南京《ナンキン》」、つまりは江南だった。南京町に南京錠、「南京玉すだれ」の呼称もあれば、果ては南京虫までいる。

ところが近代になって、朝鮮半島に深入りした日本にとっての中国は、北に転じた。そして「清国」「支那」と呼称して、南北一体とみなし、そのあげく「満洲」に入植し華北を侵略し、江南・四川に拠った蔣介石を「対手《あいて》に」しなくなる。やがて日本自身も破滅した。

中国史に内在する南北、その多元性を考えない習性が、どうやら日本人にはある。戦前の歴史ばかりではない。蔣介石を「対手に」しない処遇は、一九七二年のいわゆる「国交正常化」でもくりかえしたところである。

それから「五十周年」、日中をとりまく情勢はすっかり変わった。対応すべきわれわれの認識は、ではどうなのか。

「一つの中国」を呼号するのは北京政府である。その強権ぶりに嫌悪感を覚える向きも少なくあるまい。しかし中国は古来、決して「一つ」ではなかった。南北の分立・分岐、多元性が厳存《げんそん》していたのであり、現今の北京の強権的な動きもふくめ、その歴史的な推移・趨勢まで考えなくては、結果的に中国を「一つ」とみていることになる。

それなら「一つの中国」というテーゼを無意識裡《り》に支持しているのも、日本人自身であるらしい。大国化した中国に直面するわれわれが今みなおすべきは、やはり多様にして豊饒な江南の歴史・もう一つあったはずの中国史なのだろう。

あとがき

還暦も近くなると、もう先は短いと本能が悟るのか、しばしば過去の回憶に陥りがち。最近の日常はすぐ忘れるのに、大昔の細事は鮮明に思い出すのだから、人間は寿命のある生き物なのだとつくづく感じる。

自身の書物でいえば、高校生のときに読んだ中公新書の『揚子江』（陳舜臣・増井経夫著）。中公新書のステイタスは、今も昔も知識人の必須アイテム。知的に背伸びしたい年頃だったのか、ナマイキにも繙《ひもと》いてみたのである。何げなく購入したその書はいわゆる対談本、かなりざっくりした啓蒙書だった。どうやら当時の知識レベルに合っていたらしい。

当時すでにブームだった「シルクロード」で、中国に対する世上の関心・好感は高まっていたし、自身も通俗的な三国志的興味はあった。そのように経てきた知的履歴が、この本で一転したように思い出される。長江・南方に具体的な関心、ないし憧憬を抱いたのは、世間的な漠然とした中国人気とは一線を画していたかもしれない。

大学に入って自由な関心が持てると、目移りしながらも中国に惹かれたのは、そんないきさつからなのだろう。勢い余って、個人の中国旅行に出かけてもみた。人生初の海外が『地球の歩き方』だけを頼りにした一ヵ月。今から思えば、若さに任せただけのムチャクチャな旅路ではある。

四川のことは、本文中にもふれた。そこがいわば折り返し、香港から入って広州をへて桂林、昆明《こんめい》から成都、重慶にゆき、三峡《さんきょう》下り、武漢から上海へ出てくるまで、めぐった江南各地、数多《あまた》の情景がよみがえってくる。

以後の原点は、すべてそこにあるのかもしれない。少なくとも学業は、そうだった。専攻を東洋史学に選び、南方の関わる貿易や対外関係を当初の研究テーマとしたのは、旅の原体験が意識の底に働いていたと思う。

そんな題材を追いかけるうち、内外の分岐・相剋が目について、政治外交のほうに重心が移った。日中の間はもとより、朝鮮半島はじめ、モンゴルやチベットとの関係も再検討する必要がでてくる。

いかんせん菲才《ひさい》の身では、いつも語学のイロハにはじまる初学の日々ばかり、いつしか歳月は流れて三十年、ユーラシア大陸を視座の基軸にすえていた。意識しないまま南北転移している。

そうと気づいたのは数年前、自身はやはり日本人だとも痛感した。南方との関わりから始まったにもかかわらず、北方の中国に深入りしたのが、日本史の軌跡である。貧しい履歴は覆轍《ふくてつ》と見えなくもない。

このままでは、戦時日本のように破滅、とはいわないけれど、そろそろ耳順《じじゅん》とあっては、初心忘るべからず、自身の出発・足取りも見つめなおしたほうが、と感じた。爾来《じらい》二十代まで読んでいた書物も引っ張り出しながら、あらためて江南史を考えている。古今の中国をみなおす機会につながっているとすれば、若年時の無法な旅行のたまものなのかもしれない。

そんな折、お会いしたのは中央公論新社の小野一雄さん。上のような江南の話をしているうち、小著執筆の企画ができあがっていた。

昔取った杵柄《きねづか》とはいえ、「江南」も全域・通史となれば、とても浅学の手には負えない。結構・文体・題材などをめぐって、疑義・難題は百出、迷走を重ねたあげく、いたづらに日子を費やした。

いつもながらの不明魯鈍《ろどん》、その間に小野さんは新書から異動、引き継いでくれた胡逸高さんの手も煩わせている。ようやく脱稿の見通しがついてからも、推敲をくりかえさなくてはならなかった。最初から最後まで、老耄《ろうもう》の面倒を見てくださった小野さん、最終局面で周到緻密な配慮で、成書に導いてくださった胡さんに、まず衷心より感謝したい。

その間、小著の内容は『アステイオン』九六～一〇〇号に連載公刊の機会に恵まれた。編集にあたって多大なご助言・ご助力をくださったCCCメディアハウスの小林薫さん、サントリー文化財団の関係者のみなさんにお礼を申し上げる。

ひととおり脱稿した拙文は、例によって畏友の君塚直隆さん、丸橋充拓さん、古松崇志さん、村上衛さん、目黒杏子さんにお目通しをお願いしたところ、それぞれ打てば響くような、貴重な示教を惜しまれなかった。あらためて記して深甚の謝意を表すものである。

とにかく十代から憧れだった悠久の「江南」の歴史を、『揚子江』と同じ中公新書で上梓《じょうし》できたのは、希有の僥倖《ぎょうこう》・望外の喜びといっても過言ではない。還暦を迎えるにあたって、何よりの記念・区切りにもなった。

もっとも以上は、あくまで私事・感慨にすぎない。読者諸賢には、けだしどうでもよいことである。ただその所産たる小著をせっかく手に取ってくださったからには、かの国・わが国の来し方に関心をよせ、行く末を考える一助にしてほしい、と思う。かなえば自身いよいよこれに勝る幸せはない。

これでもう思い残すことはない、といえばカッコいいのだろう。けれどもまだまだ、そんな境地ではない。前途は遼遠なはず、本卦《ほんけ》還りで人生も二巡め、心機一転とりくんでいければ、と思っている。

二〇二三年九月　秋晴れの賀茂の水面に臨みつつ

岡本隆司

図版出典

1－3　清代江南の人口推移　上田信『人口の中国史』146頁をもとに作成
1－4　中国のアヘン生産　Timothy Brook & Bob Tadashi Wakabayashi, eds., *Opium Regimes*, p.215をもとに作成
2－4　前漢の初期　江村治樹『戦国秦漢時代の都市と国家』をもとに作成
2－6　隋の大運河・揚州　岡本隆司編『中国経済史』16頁、丸橋充拓『江南の発展』76頁をもとに作成
3－1　五代十国　岡本隆司『悪党たちの中華帝国』85頁をもとに作成
3－2　中国の人口動態（上）、人口分布の南北比（下）　岡本隆司編『中国経済史』20頁をもとに作成
4－1　ニコラ・ド・フェール「東部アジア図」 Fer, Nicolas de, Paris, David Rumsey Historical Map Collection.
4－2　メルカトル「アジア図」　京都大学附属図書館蔵
4－3　16世紀以降の市鎮の増殖　岡本隆司編『中国経済史』25頁をもとに作成
4－4　明代の人口分布　岡本隆司『明代とは何か』262頁をもとに作成
5－1　広東・福建沿海　岡本隆司「今みなおす江南史　「瘴癘」から革命へ」サントリー文化財団・アステイオン編集委員会『アステイオン99』CCCメディアハウスをもとに作成
6－2　元和年間の藩鎮　冨谷至・森田憲司編『概説中国史 上 古代―中世』248頁をもとに作成

＊注記のない画像はpublic domainである

年
マッテーオ・リッチ著／川名公平訳・矢沢利彦注『中国キリスト教布教史』全2冊、岩波書店・大航海時代叢書、1982-83年
梁啓超「中國地理大勢論」（1902）同『飲冰室合集』文集十、所収、同著／林志鈞編『飲冰室合集』北京：中華書局、1989（1936）年、所収
——著／岡本隆司・石川禎浩・高嶋航編訳『梁啓超文集』岩波文庫、2020年
渡辺信一郎『中華の成立——唐代まで』シリーズ中国の歴史①、岩波新書、2019年

S. A. M. Adshead, *Province and Politics in Late Imperial China: Viceregal Government in Szechwan, 1898-1911*, Scandinavian Institute of Asian Studies Monograph Series, No. 50, London, etc.: Curzon Press, 1984.
Timothy Brook & Bob Tadashi Wakabayashi, eds., *Opium Regimes: China, Britain, and Japan, 1839-1952*, Berkeley, etc.: University of California Press, 2000.

参考文献

中砂明徳「江南史の水脈――南宋・元・明の展望」樺山紘一ほか編『中央ユーラシアの統合 9-16世紀』岩波講座世界歴史11、岩波書店、1997年、所収
――『江南――文雅の源流』講談社選書メチエ、2002年
――『中国近世の福建人――士大夫と出版人』名古屋大学出版会、2012年
布目潮渢『隋の煬帝と唐の太宗――暴君と明君、その虚実を探る』清水書院、2018（1975）年
狭間直樹『梁啓超――東アジア文明史の転換』岩波現代全書、2016年
深町英夫『孫文――近代化の岐路』岩波新書、2016年
古松崇志『草原の制覇――大モンゴルまで』シリーズ中国の歴史③、岩波新書、2020年
マルコ・ポーロ著／愛宕松男訳注『完訳　東方見聞録』全2巻、平凡社ライブラリー、2000（1970-71）年
丸橋充拓『江南の発展――南宋まで』シリーズ中国の歴史②、岩波新書、2020年
三田村泰助『宦官――側近政治の構造』中公文庫、1983（1963）年
――『黄土を拓いた人びと』生活の世界歴史2、河出文庫、1991（1976）年
宮崎市定『九品官人法の研究――科挙前史』中公文庫、1997（1956）年
――『科挙――中国の試験地獄』中公文庫、1984（1963）年
――『隋の煬帝』中公文庫、1987（1965）年
――『中国史』全2冊、岩波文庫、2015（1977-78）年
――『史記を語る』岩波文庫、1996（1979）年
――『宮崎市定全集13 明清』岩波書店、1992年
――著／礪波護編『中国文明論集』岩波文庫、1995年
――著／礪波護編『東西交渉史論』中公文庫、1998年
――著／礪波護編『東洋的近世』中公文庫、1999年
――著／礪波護編『中国史の名君と宰相』中公文庫、2011年
村井章介『中世倭人伝』岩波新書、1993年
森部豊『安禄山――「安史の乱」を起こしたソグド人』山川出版社・世界史リブレット人、2013年
――『唐――東ユーラシアの大帝国』中公新書、2023年。
森安孝夫『興亡の世界史 シルクロードと唐帝国』講談社学術文庫、2016（2007）年
――『シルクロード世界史』講談社選書メチエ、2020年。
山崎覚士「「五代十国」という時代」荒川正晴ほか編『東アジアの展開 8～14世紀』岩波講座世界歴史第7巻、岩波書店、2022年、所収。
吉川忠夫『劉裕――江南の英雄 宋の武帝』中公文庫、1989（1966）年
――『王羲之――六朝貴族の世界』岩波現代文庫、2010（1972）年
――『読書雑志――中国の史書と宗教をめぐる十二章』岩波書店、2010

(1960) 年
河上麻由子『古代日中関係史——倭の五王から遣唐使以降まで』中公新書、2019 年
菊池秀明『太平天国——皇帝なき中国の挫折』岩波新書、2020 年
岸本美緒『東アジアの「近世」』山川出版社・世界史リブレット、1998 年
——『地域社会論再考——明清史論集 2』研文出版・研文選書、2012 年
『近世の京都図と世界図——大塚京都図コレクションと宮崎市定氏旧蔵地図』京都大学附属図書館、2001 年
屈大均『廣東新語』全 2 冊、中華書局、1985 年（原刊康熙 38 年・全 28 巻）
桑原隲蔵『蒲寿庚の事蹟』平凡社・東洋文庫、1989 (1923) 年
——「歴史上より観たる南北支那」(1925) 同『東洋文明史論』平凡社・東洋文庫、1988 年、所収
呉自牧著／梅原郁訳注『夢粱録』全 3 巻、平凡社・東洋文庫、2000 年
駒田信二『対の思想——中国文学と日本文学』勁草書房、1969 年
J・ジェルネ著／栗本一男訳『中国近世の百万都市——モンゴル襲来前夜の杭州』平凡社、1990 年
斯波義信『宋代江南経済史の研究』汲古書院、1988 年
——『華僑』岩波新書、1995 年
——『中国都市史』東洋叢書 9、東京大学出版会、2002 年
島田虔次『朱子学と陽明学』岩波新書、1967 年
——『隠者の尊重——中国の歴史哲学』筑摩書房、1997 年
——『中国の伝統思想』みすず書房、2001 年
——『中国思想史の研究』京都大学学術出版会、2002 年
——著／井上進補注『中国における近代思惟の挫折』全 2 冊、平凡社・東洋文庫、2003 (1949) 年
杉山正明『クビライの挑戦——モンゴルによる世界史の大転回』講談社学術文庫、2010 (1995) 年
谷川道雄『隋唐世界帝国の形成』講談社学術文庫、2008 (1977) 年
檀上寛『明の太祖 朱元璋』ちくま学芸文庫、2020 (1994) 年
——『永楽帝——華夷秩序の完成』講談社学術文庫、2012 (1997) 年
——『陸海の交錯——明朝の興亡』シリーズ中国の歴史④、岩波新書、2020 年
竺沙雅章『独裁君主の登場——宋の太祖と太宗』清水書院、2017 (1975) 年
——『征服王朝の時代』新書東洋史③、講談社現代新書、1977 年。
陳舜臣・増井経夫『揚子江』中公新書、1982 年
冨谷至・森田憲司編『概説中国史 上 古代—中世』昭和堂、2016 年
内藤湖南『中国近世史』岩波文庫、2015 (1947) 年
——『支那史学史』平凡社・東洋文庫、1992 (1949) 年
——著／礪波護編『東洋文化史』中公クラシックス、2004 年

参考文献

引用言及したものをはじめ、直接に参照した文献を中心に、なるべく親しみやすい書物を必要最小限、精選して列挙した。（　）内の数字は初出年をあらわす。

もちろん全集や著作集などに収めるもの、別の版本もあるので、記載の書誌がすべてではない。本文に引用した漢籍なども掲出したが、正史のたぐいは割愛している。

荒野泰典『「鎖国」を見直す』岩波現代文庫、2019年
石川禎浩『革命とナショナリズム――1925-1945』シリーズ中国近現代史③、岩波新書、2010年
石田幹之助『長安の春』講談社学術文庫、1979（1941）年
石濱裕美子『物語 チベットの歴史――天空の仏教国の1400年』中公新書、2023年
井波律子『三国志演義』岩波新書、1994年
井上進『顧炎武』中国歴史人物選第10巻、白帝社、1994年
上田信『人口の中国史――先史時代から19世紀まで』岩波新書、2020年
榎本渉『僧侶と海商たちの東シナ海』シリーズ選書日本中世史④、講談社選書メチエ、2010年
江村治樹『戦国秦漢時代の都市と国家――考古学と文献史学からのアプローチ』白帝社、2005年
大木康『中国明末のメディア革命――庶民が本を読む』刀水書房、2009年
岡本隆司『近代中国史』ちくま新書、2013年
――『中国の論理――歴史から解き明かす』中公新書、2016年
――『世界史とつなげて学ぶ中国全史』東洋経済新報社、2019年
――『「中国」の形成――現代への展望』シリーズ中国の歴史⑤、岩波新書、2020年
――『中国史とつなげて学ぶ日本全史』東洋経済新報社、2021年
――『明代とは何か――「危機」の世界史と東アジア』名古屋大学出版会、2022年
――『曾国藩――「英雄」と中国史』岩波新書、2022年
――『悪党たちの中華帝国』新潮選書、2022年
――編『中国経済史』名古屋大学出版会、2013年
小野和子『黄宗羲』中国人物叢書（第2期）第9巻、人物往来社、1967年
小野川秀美『清末政治思想研究』全2巻、平凡社・東洋文庫、2009-10

下流	沿海	中原・北方
南京に中華民国臨時政府設立、孫文が臨時大総統就任		清朝滅亡、袁世凱大総統就任
される。第二革命		
		袁世凱の帝制運動、楊度ら支持
	孫文、広州に軍政府を設立	
	孫文、国民党を改組、国共合作	
蔣介石、上海クーデタ、南京国民政府を樹立。国共内戦		
		中国共産党、長征終了。西安事件
第二次上海事変、南京事件		盧溝橋事件、日中戦争勃発
	蔣介石、国民政府を台湾へ遷す	中華人民共和国の建国
		文化大革命、劉少奇失脚
	香港返還、一国二制度	

江南の歴史　関連年表

西暦		上流	中流
1903			黄興・宋教仁ら長沙で革命団体・華興会を結成
1911			辛亥革命、武昌で勃発
1912	中華民国		
1913			宋教仁、上海で暗殺
1915			
1917			
1924			
1927			
1936			
1937		国民政府、重慶に遷都	
1939		西康省設置（～1955） 日本軍の重慶爆撃（～1941）	
1949	中華人民共和国		
1967			
1997			

下流	沿海	中原・北方
	陳白沙、逝去	
王守仁、陽明学を創始		
	李卓吾、泉州に生まれる	
明当局、双嶼を攻撃		
	ポルトガル人のマカオ居留を公認	
	月港を開放	
李卓吾『蔵書』、南京で出版		
		李卓吾、獄中死
顧炎武、蘇州崑山県に生まれる		
		李自成の大順建国、明朝滅亡。明清交代
	鄭成功、台湾征服	
	鄭氏政権、清朝に降服	
	阮元、学海堂創設	
	アヘン戦争。陳澧、学海堂学長に就任	
太平天国の挙兵		
太平天国、南京（天京）に都を定める		
天京陥落、太平天国滅亡		
	孫文、広州で蜂起を計画	日清戦争終結、下関条約
	広州出身の康有為・梁啓超らの戊戌変法	

西暦		上流	中流
1500			
1508			
1527			
1548			
1557			
1567			
1599			
1602			
1613			
1644	清	張献忠の大西建国	
1661			
1683			
1691			王夫之『読通鑑論』『宋論』
1796		白蓮教徒の反乱	
1825			
1840			
1851			
1852			曾国藩、湘軍を組織、挙兵
1853		川塩済楚	
1864			
1890		重慶開港	
1895			
1898			この前後、湖南で守旧・革新の対立。劉少奇、長沙寧郷県に生まれる

下流	沿海	中原・北方
		王安石の新法
	蘇軾、海南島へ配流。蘇轍、雷州に左遷	
		靖康の変、北宋滅亡。高宗即位、南宋の中興
南宋、臨安（杭州）を行在とする		
金軍を破る		
	周去非『嶺外代答』	
	朱熹『四書集注』	
	朱熹逝去	
		モンゴル帝国の建国
	趙汝适『諸蕃志』	
モンゴル軍、臨安に入り、南宋滅亡	南宋の残存勢力、泉州の蒲寿庚に頼る	
	崖山の戦い	
		科挙の再開
朱元璋、南京で即位。明朝の成立		大都陥落
建文帝の即位		
永楽帝が靖難の変で勝利、南京陥落、帝位簒奪		
		足利義満を日本国王に任命、日明「勘合貿易」開始
鄭和の遠征（以後7次～1433）		
		北京遷都

江南の歴史　関連年表

西暦		上流	中流
1024		交子の紙幣化	
1069			
1097			
1127	南宋		
1138			
1161			南宋水軍、海陵王ひきいる
1178			
1190			
1200			
1206	モンゴル		
1225			
1259			鄂州の役
1273			モンゴル軍、襄陽を落とす
1276			
1279			
1314			
1363		明玉珍、即位し大夏を建国	
1368	明		
1371		大夏、滅亡	
1398			
1402			
1403			
1405			
1421			

下流	沿海	中原・北方
	劉龑、皇帝に即位（翌年国号を漢に。南漢の成立）	
	閩王王審知が逝去。弟の王延鈞が即位	
	王昶、父の王延鈞を殺して即位	
		燕雲十六州の割譲
徐知誥、呉を奪い皇帝に即位して、李昇と改名、国号を唐とする。南唐の成立		
	王昶、軍隊のクーデタで横死	
	劉龑逝去、劉晟が後継	
閩の内乱、南唐が出兵、閩を亡ぼす		
出兵、楚を亡ぼす		郭威、皇帝に即位、後周の成立
		郭威逝去、柴栄即位、後周の世宗
後周の世宗、南唐を攻撃（957、958年にも）。江北淮南地域を割取		
		趙匡胤、後周より禅譲をうけ即位。宋の成立
	宋の南漢併合。広州に市舶司を設立	
宋の南唐併合		
呉越、宋に版籍を献上		
		澶淵の盟
	泉州の清浄寺創建	

江南の歴史　関連年表

西暦		上流	中流
917			
925		前蜀滅亡	
930			馬殷逝去
934		孟知祥、皇帝に即位。後蜀の建国	
935			
936			
937			
939			
942			
945			
951			楚で内乱、南唐か
954			
955			
960	北宋		
965		宋の後蜀併合	
971			
975			
978			
1004			
1009			

下流	沿海	中原・北方
侯景の乱により建康陥落、破壊。梁武帝逝去		
王僧辯・陳覇先が侯景を打倒		
陳覇先が皇帝に即位、陳を建国		
		隋の文帝が即位
陳の滅亡		隋の天下統一
		隋の煬帝が即位
煬帝、揚州で殺害される		唐の成立
		玄宗即位、「開元の治」
		安史の乱
		塩の専売制
		玄宗逝去
		両税法
	柳宗元、柳州に派遣	
	韓愈「論仏骨表」、潮州に左遷	
		黄巣の乱
	黄巣軍が福建を経て広州に入る	
		楊復恭、唐の昭宗を擁立
	王潮、福建節度使に任ず	
	王潮逝去、弟の王審知が後継	
楊行密、呉王に任ず		
	劉隠、広東・広西の節度使に任じる	
	王審知、閩王に任ず	唐の滅亡。朱全忠が即位、後梁を建国
銭鏐、呉越王に任ず		
	劉隠、南海王に任ず、逝去。弟の劉龑が後継	

江南の歴史　関連年表

西暦		上流	中流
549			
552			
557			
581	隋		
589			
604			
618	唐		
712			
755		玄宗、蜀へ逃亡	
758			
762			高力士、朗州で逝去
780			
805			柳宗元、永州に左遷
815			
819			
874			
879			
888			
896			
897			
902			
904			
907	五代十国	王建、皇帝に即位。前蜀の建国	馬殷、楚王に任ず
908			
911			

下流	沿海	中原・北方
	呂岱、ベトナム北部の乱を鎮圧	
孫権、皇帝に即位		
		司馬炎、曹魏の元帝より禅譲。西晋の成立
孫呉滅亡		西晋の天下統一
		八王の乱
		匈奴の反乱
		永嘉の乱、西晋の滅亡
司馬睿、建康で皇帝に即位、東晋の成立		
位。劉裕、桓玄を打倒		
		劉裕、南燕を制圧
劉裕の主導により土断を実施		
劉裕、東晋の恭帝より禅譲、宋（劉宋）を建国		
倭王讃による宋への遣使		
宋文帝「元嘉の治」		
		北魏の北方統一。南北朝の開始
宋孝武帝が建康一帯を王畿と定める		
蕭衍が即位。梁の武帝		

江南の歴史　関連年表

西暦		上流	中流
221		劉備、皇帝に即位、蜀漢の成立	
222		夷陵の戦い、劉備敗退	
224		劉備逝去	
226			
229			
263		蜀漢滅亡	
266	西晋		
280			
291			
304	東晋／五胡十六国	李雄、成漢建国	
306		李雄、皇帝に即位	
316			
317			
347		桓温、成漢を打倒、勢力増大	
373			桓温逝去
404			桓玄、建康を占拠して即
410			
413			
420			
421			
424			
439	南北朝		
459			
502			

下流	沿海	中原・北方
秦、楚を亡ぼす		
	秦の閩越併合	秦の始皇帝、天下統一
	閩中郡を設立	始皇帝逝去
項羽の挙兵	閩越の騶無諸の自立	陳勝・呉広の挙兵
項羽、西楚の覇王		秦の滅亡
	騶無諸、閩越王に任ず	劉邦、項羽を打倒、皇帝に即位
	趙佗、南越王として自立	
呉楚七国の乱		
		劉秀、即位して後漢建国
		黄巾の乱
		董卓、長安に遷都
		官渡の戦い。曹操、覇権掌握
赤壁の戦い。孫呉政権の自立		
関羽、樊城で敗北、孫権に討たれる 孫権、呉王に任ず	孫呉の呂岱、交州に赴任	曹操逝去。曹丕、後漢の献帝より禅譲、魏帝に即位

江南の歴史　関連年表

西暦		上流	中流
前299			楚、秦に敗戦、懐王、秦に囚わる
前296			楚懐王、秦で客死
前278			秦、楚の郢都を攻略
前251		李冰父子、都江堰建造	
前224			
前221	秦		
前210			「番君」呉芮の自立
前209			
前206	漢	漢王劉邦の挙兵	
前204			呉芮「長沙王」に任ず
前202			
前196			
前154			
25		公孫述、帝を称す（～36）	
184			
188		劉焉、益州牧	
190			劉表、荊州に赴任
194		劉焉逝去。劉璋、益州牧	
200			
207～208			劉備「三顧の礼」、諸葛亮「天下三分の計」
208			劉表逝去。劉備、荊州占拠
214		劉備、益州牧	
219		劉備、漢中王に即位	
220	三国		

下流	沿海	中原・北方
		裴李崗文化・磁山文化の畑作
馬家浜文化・河姆渡文化		仰韶文化
良渚文化		
		龍山文化
		岳石文化
		二里頭文化（夏？）
		殷
		西周

下流	沿海	中原・北方
		『春秋』の記述開始（～前 481）
の郢を占拠		
闔閭逝去。呉越戦争		
越王勾践、呉王夫差を打倒		
		商鞅の変法
のち越の遺民が福建に移住、「閩越」建国		
		秦、魏に侵攻

江南の歴史　関連年表

【春秋時代以前】

西暦		長江 上流	中流
前7000			彭頭山文化の稲作
前6000年紀			
前5000～4000年紀			大渓文化
前4000年紀末～前3000年紀			
前3000年紀前半			屈家嶺文化
前3000年紀後半			石家河文化
前2000年紀前半			
前2050～前1600			
前2000～前800		三星堆遺跡	
前1600～前1050			
前11世紀～前8世紀前半			

【春秋時代以降】

西暦		上流	中流
前722	春秋		
前8世紀末			楚の北進
前606			楚荘王「鼎の軽重を問う
前506			呉王闔閭、楚を
前496			
前482			
前356・350	戦国		
前334			楚、越を滅ぼす。
前330			
前316		秦の巴蜀制圧	
前312		秦の漢中郡設置	

【サ行】

事項索引

人名索引

地図作成　地図屋もりそん

岡本隆司（おかもと・たかし）

1965年京都市生まれ．京都大学大学院文学研究科東洋史学博士後期課程満期退学．博士（文学）．宮崎大学助教授を経て，現在，京都府立大学教授．専攻は東洋史・近代アジア史．

著書『近代中国と海関』名古屋大学出版会，1999年（大平正芳記念賞受賞）
『属国と自主のあいだ』名古屋大学出版会，2004年（サントリー学芸賞受賞）
『李鴻章』岩波新書，2011年
『袁世凱』岩波新書，2015年
『中国の論理』中公新書，2016年
『中国の誕生』名古屋大学出版会，2017年（樫山純三賞，アジア太平洋賞特別賞受賞）
『世界史とつなげて学ぶ 中国全史』東洋経済新報社，2019年
『東アジアの論理』中公新書，2020年
『明代とは何か』名古屋大学出版会，2022年
『曾国藩』岩波新書，2022年
『悪党たちの中華帝国』新潮選書，2022年

物語《ものがたり》 江南《こうなん》の歴史《れきし》
中公新書 *2780*

2023年11月25日初版
2023年12月30日再版

著　者　岡本隆司
発行者　安部順一

本文印刷　暁印刷
カバー印刷　大熊整美堂
製　　本　小泉製本

発行所　中央公論新社
〒100-8152
東京都千代田区大手町1-7-1
電話　販売　03-5299-1730
　　　編集　03-5299-1830
URL https://www.chuko.co.jp/

Published by CHUOKORON-SHINSHA, INC.
Printed in Japan　ISBN978-4-12-102780-1 C1222

中公新書刊行のことば

一九六二年一一月

いまからちょうど五世紀まえ、グーテンベルクが近代印刷術を発明したとき、書物の大量生産は潜在的可能性を獲得し、いまからちょうど一世紀まえ、世界のおもな文明国で義務教育制度が採用されたとき、書物の大量需要の潜在性が形成された。この二つの潜在性がはげしく現実化したのが現代である。

いまや、書物によって視野を拡大し、変りゆく世界に豊かに対応しようとする強い要求を私たちは抑えることができない。この要求にこたえる義務を、今日の書物は背負っている。だが、その義務は、たんに専門的知識の通俗化をはかることによって果たされるものでもなく、通俗的好奇心にうったえて、いたずらに発行部数の巨大さを誇ることによって果たされるものでもない。現代を真摯に生きようとする読者に、真に知るに価いする知識だけを選びだして提供すること、これが中公新書の最大の目標である。

私たちは、知識として錯覚しているものによってしばしば動かされ、裏切られる。私たちは、作為によってあたえられた知識のうえに生きることがあまりに多く、ゆるぎない事実を通して思索することがあまりにすくない。中公新書が、その一貫した特色として自らに課すものは、この事実のみの持つ無条件の説得力を発揮させることである。現代にあらたな意味を投げかけるべく待機している過去の歴史的事実もまた、中公新書によって数多く発掘されるであろう。

中公新書は、現代を自らの眼で見つめようとする、逞しい知的な読者の活力となることを欲している。

世界史

中公新書 1886

現代史

f3

2590 人類と病 詫摩佳代
2664 歴史修正主義 武井彩佳
2451 トラクターの世界史 藤原辰史
2666 ドイツ・ナショナリズム 今野 元
2368 第一次世界大戦史 飯倉 章
2681 リヒトホーフェン―撃墜王とその一族 森 貴史
27 ワイマル共和国 林 健太郎
478 アドルフ・ヒトラー 村瀬興雄
2272 ヒトラー演説 高田博行
1943 ホロコースト 芝 健介
2349 ヒトラーに抵抗した人々 對馬達雄
2610 ヒトラーの脱走兵 對馬達雄
2448 闘う文豪とナチス・ドイツ 池内 紀
2329 ナチスの戦争 1918-1949 R・ベッセル 大山 晶訳
2313 ニュルンベルク裁判 A・ヴァインケ 板橋拓己訳

2266 アデナウアー 板橋拓己
2615 物語 東ドイツの歴史 河合信晴
2274 スターリン 横手慎二
2760 諜報国家ロシア 保坂三四郎
530 チャーチル(増補版) 河合秀和
2643 イギリス1960年代 小関 隆
2578 エリザベス女王 君塚直隆
2717 アイルランド現代史 北野 充
1415 フランス現代史 渡邊啓貴
2356 イタリア現代史 伊藤 武
2221 バチカン近現代史 松本佐保
2774 ケマル・アタテュルク 小笠原弘幸
2415 トルコ現代史 今井宏平
2670 サウジアラビア―「イスラーム世界の盟主」の正体 高尾賢一郎
2586 東アジアの論理 岡本隆司
2437 中国ナショナリズム 小野寺史郎
2600 孫基禎《ソン・ギジョン》―帝国日本の朝鮮人メダリスト 金 誠

2034 感染症の中国史 飯島 渉
2700 新疆ウイグル自治区 熊倉 潤
1959 韓国現代史 木村 幹
2602 韓国社会の現在 春木育美
2682 韓国愛憎 木村 幹
2596 インドネシア大虐殺 倉沢愛子
1596 ベトナム戦争 松岡 完
2330 チェ・ゲバラ 伊高浩昭
1664 1665 アメリカの20世紀(上下) 有賀夏紀
2626 フランクリン・ローズヴェルト 佐藤千登勢
2527 大統領とハリウッド 村田晃嗣
2479 スポーツ国家アメリカ 鈴木 透
2540 食の実験場アメリカ 鈴木 透
2504 アメリカとヨーロッパ 渡邊啓貴
2163 人種とスポーツ 川島浩平
2778 自動車の世界史 鈴木 均